자존감 코칭

단 10일 만에 내 삶을 지배하는 자존감 프로젝트

자존감 코칭

린다 필드 지음 ㅣ 유세비 옮김

밀라그로

자존감으로 빛나는 미래를 만들자

인생이 오를 수 없는 거대한 산처럼 보일 때가 있다. 그런 순간에도 자신이 얼마나 대단한 존재인가를 잊어서는 안 된다.

당신에겐 현재의 난관을 뚫고 나갈 수 있는 모든 능력이 있다.

인상은 자신을 그대로 나타낸 것이며, 내면의 생각이나 감정에 따라 달라질 수 있다.

자신감에 차서 당당하게 걷는다면, 당신의 밝은 영혼이 성공을 끌어당길 것이다.

자신만의 고유한 독창성과 특별한 재능을 갖는다면, 눈부시게 매력적인 사람으로 변할 수 있다. 그러기 위해 매일 자신을 사랑하고 자신만의 진정한 가치를 깨달아야 한다.

또한 자존감을 높이기 위해 노력할 때마다 사람들에게 좋은 자극제가 될 수 있다. 따라서 언제나 즐거운 마음으로 빛나는 사람이 되도록 노력해야 한다.

내면에 강한 신념과 삶을 사랑하는 마음을 갖고 있다면 난관을 헤쳐 나갈 수 있다. 내면에서 그런 밝은 빛이 발산한다면, 인생에서 가장 어두운 순간에도 어려움을 이겨낼 수 있다.

자신을 믿는 것은 성공에 도달할 수 있는 의지가 되어, 어떤 상황에 처하더라도 성공을 거두게 될 것이다. 또한 과거의 일에 얽매이지 않게 될 것이다. 이 순간, 바로 지금, 자신감을 가져야 한다!

Contents

당신은 가치 있는 존재다

나라는 사람이 가치 있는 존재라는 사실을 증명
하고 싶어 유명인사가 되길 원했다. 그러나 내가
가치 있다고 느끼게 해줄 존재는 나 자신뿐이라
는 사실을 깨달았다.

– 다비나 맥콜(Davina McCall, TV 쇼 진행자)

자존감은 성공과 행복을 위해 없어서는 안 될 중요한 요소다. 자존감을 갖고 있다는 것은 자신에게 만족한다는 뜻이다. 즉 차분하고 자신감이 넘치고, 자신의 통제하에서 모든 것을 할 수 있다고 느낄 때, 자신에 대해 좋은 느낌을 갖게 된다. 자존감을 갖는다는 것은 이런 상태를 말하는데, 어떻게 좋아하지 않을 수 있겠는가?

그러나 자존감은 쉽게 상처받고, 관심과 사랑으로 길러야 하는 연약한 꽃과 같다. 자신감에 차 있는 사람조차도 자존감을 꾸준히 유지하기란 어려운 일이다.

자존감이 바닥을 치게 되면, 나를 제외한 모든 사람들이 자신감과 긍정적인 마음으로 세상을 살아가고 있다고 생각하기 쉽다. 그러나 그것은 환상이다. 누구나 자신에 대한 회의나 부정적인 마음에서 벗어나려고 고군분투한다.

내 고객들은 사회 각계각층의 인사들로 구성되어 있다. 그중에는 부자도 있고 저명인사도 있으며, 아름다운 외모의 소유자도 있다. 이런 사람들도 우리들처럼 자존감 때문에 고민을 한다.

세속적인 성공을 거두면 자연스럽게 자존감이 높아질 거라고 생각하기 쉽다. 하지만 반드시 그런 것은 아니다. 일에서 비즈니스에서 성과를 내는 것도 중요하지만, 이런 종류의 성과가 우리를 소중하고 가치 있는 존재로 만들어주는 것은 아니다. 자신에게 유리한 상황도 언젠가는 나쁘게 변할 수 있고, 인생을 살다 보면 피할 수 없는 어려움에 직면하기도 한다. 이렇게 상황이 악화될 때는, 이를 헤쳐 나갈 수 있는 내면의 힘을 믿어야 한다.

나는 이 책을 통해 자존감이 작용하는 방법과 자존감을 기르는 방법을 제시하려고 한다.

당신이 처한 상황이 좋지 않아 자존감이 떨어진 상태인가. 그렇다면 자신을 믿지 못할 존재라고 생각하고, 걸어 다니는 것 자체가 기적이라는 사실을 잊기 쉽다. 이렇게 자존감을 잃게 되면, 내면에 밝은 빛이 존재한다는 사실을 잊게 되고, 반복적으로 자기 부정적인 생각에 휩싸여 비관적인 상황으로 곤두박질치게 된다.

낮은 자존감이 문제의 근원이라고 생각하게 되었는가? 그렇다면 이 책에서 제시하는 자존감을 기르는 방법을 익혀 삶의 질을 바꾸길 바란다.

사람은 작은 몸짓이나 행동 하나만으로도 즐거워질 수 있다. 동료의 친절한 말 한마디나 낯선 이의 미소, 공원에서의 한가로운 산책, 새로 산 립스틱, 친구와의 전화 통화, 컵케이크 한 조각 등도 우리를 행복하게 하는 작고 소중한 것들이다. 그러나 이보다 진지한 방법이 필요할 때도 있다. 바로 이 책 '자존감 코칭: 10일 만에 내 삶을 지배하는 자존감 프로젝트'를 쓴 이유이다. 열흘 동안의 자존감 프로그램은, 자신감을 되찾고, 삶의 균형을 이루고, 의욕에 찬 자신으로 회복할 수 있는 간단하고 체계적인 방법이다.

이론과 실천을 결합한 이 기법은 과학적으로 널리 인정받고 있는 인지행동요법(CBT) 및 긍정 심리학에 기초하고 있다. 거기에 정신이나 영감을 바탕으로 전통적으로 전해 내려온 다양한 방법과 우주의 질서, 신경언어학 프로그래밍(NLP, 인간 행동의 긍정적인 변화를 이끌어내는 기법), 최신 카운슬링과 코칭 이론이 포함되어 있다.

삶의 질은 내면의 생각과 감정, 믿음, 기대와 상상을 반영한다. 생각은 감정 및 행동과 연결되어 있을 뿐 아니라, 생각하는 대로 행동과 감정이 발현된다. 이 때문에 생각은 현실을 반영하는 강력한 도구가 된다. 생각과 감정, 행동을 각각 별개로 볼 수도 있지만, 이것들은 서로 밀접하게 관련되어 있다. 따라서 어느 것 하나에 변화가 생기면 다른 두 가지에 즉시 영향이 나타난다.

그림 1은 자존감이 매우 높은 사람의 생각과 감정, 행동이 서로 연결되어 있으며, 상호의존적인 관계라는 것을 증명하는 인지행동요법 모델을 나타낸 것이다.

인지행동요법은 사람이 생각하거나 느끼며, 행동하는 방법에 작은 변화를 주면 삶이 근본적으로 달라질 수 있다는 것을 보여주는 자기 변화의 가능성을 증명한다. 그리고 나는 이런 명쾌한 방법을 꽤 좋아한다.

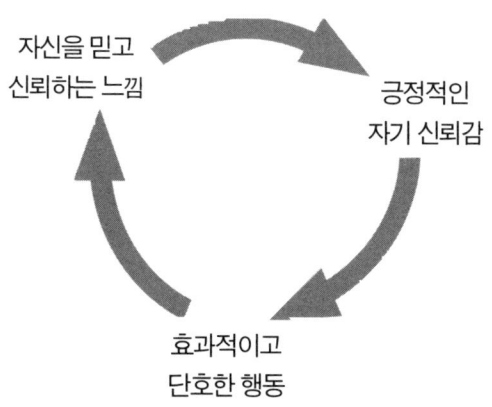

자신을 믿고
신뢰하는 느낌

긍정적인
자기 신뢰감

효과적이고
단호한 행동

〈 그림 1. 자존감이 높은 사람 〉

성공했다고 해서 자존감이 자동적으로 높아지는 것은 아니지만, 자존감이 높은 사람은 성공을 거둘 가능성도 높다. 이와는 반대로, 자존감이 낮은 상태라면 인생은 실패로 귀결될 일과 헤쳐 나가기 어려운 일로만 가득 차 있는 것으로 보일 것이다. 그렇다면 자존감은 어떻게 작용하는 것일까? 그리고 자기 회의감은 어떻게 경험할 수 있는 기회를 가로막아 행복으로 가는 문을 닫는 것일까? 당신도 이 질문에 대한 답을 알고 있을 것이다. 기분이 매우 '좋지 않아' 성공하지 못했다고 생각한 적이 있는가? 당시를 돌아보고 그때의 경험을 재연해 보자. 당시의 자신을 어떻게 생각하는가? 당시의 기분은 어땠으며, 어떤 행동을 했는가? 이제는 오래된 '실패' 시나리오에서 핵심 요소만 바꿔 생각해 보자. 당신은 독립적이며, 확신을 가지고 있는 존재다. 또한 성공할 자격이 있는, 가치 있는 사람이라고 생각해 보자. 그리고 자신에 대한 감정을 자신의 생각과 정확하게 일치시킬 수 있는 방법을 찾아보자. 아마도 자신감과 확신의 감정이 들 것이다. 그리고 긍정적인 생각과 감정이 자연스럽게 발현돼 창의적이면서 효과적인 행동으로 이어질 것이다. 더 나아가, 자신의 삶을 주도하는 사람이 될 것이다. 꿈같은 소리처럼 들리는가? 그렇다면 자신감에 찬 새로운 당신을 이미지로 시각화한 후, 꿈이 현실이 될 수 있도록 시작해 보자.

심리학자 나다니엘 브랜든(Nathaniel Branden)은 자존감을 '사고력에 대한 자신감, 인생에서 직면할 수 있는 기본적인 문제들에 대처할 수 있다는 자신감, 성공할 수 있으며 행복할 수 있고, 가치 있는 존재로서 존중받을 수 있으며, 자신의 요구 및 욕구를 주장할 수 있는 권리가 있으며, 자신이 소중히 여기는 것을 성취할 수 있으며, 노력의 결실을 즐길 수 있는 권리를 가지고 있다는 자신감'으로써 정의했다.

나다니엘 브랜든의 자존감에 대한 정의가 자신과 관련되어 있는지 여러 차례 생각해 봐야 할 것이다. 그리고 하단에 열거한 각 문항을 깊이 생각한 후, 1~10점까지 점수를 매겨 보자.(1점은 가장 낮고, 10점이 가장 높은 점수다.)

문항	점수
사고의 명확성 수준	
기본적인 문제에 대처하는 능력	
성공할 수 있고, 행복할 수 있다는 권리에 대한 믿음	
자격을 갖추고 있으며, 가치 있다는 느낌	
필요한 것과 욕구를 주장할 수 있다는 믿음	
노력에 대한 대가를 누릴 수 있다는 믿음	

각 문항에 점수를 매기고, 각 문항을 읽었을 때 어떤 기분이 드는지도 적어보자.

책의 후반부에서 이 내용에 관해 자세하게 설명할 것이다. 이제할 일은, 마음에 드는 노트 한 권을 구입한 후, 자존감 일기를 쓰기시작하는 것이다. 이 과정을 통해 자신의 생각과 느낌을 따라갈 수있게 될 것이다. 그리고 이 책의 프로그램을 실천하면서 생각과 느낌, 행동이 자기 가치와 자존감에 영향을 미친다는 사실을 점점 더 깨닫게 될 것이다. 이렇게 자신을 드러내는 과정을 진행하다 보면, 자존감을 높이기 위해 무엇이 필요한지 쉽게 알게 될 것이다.

10일간의 자존감 프로그램을 실천하는 방법

우리는 살면서 기분 좋은 일들만 가득하길 바란다. 행복하고 안락하게 살면서 여러 사람들과 관계를 맺고, 성공과 번영을 바란다. 매사에 의욕과 열정을 가지고 임하고 싶고, 의미 있는 삶을 살기를 바라며, 운명에 지배를 받지 않고 지배하길 원한다. 그런데 어디서부터 시작해야 할까? 오랜 경험으로 알고 있지만, 누구든 삶을 더 나은 방향으로 바꿀 수 있다. 하지만 그러기 위해서는 마법과도 같은 세 가지의 요소가 필요하다. 당신이 이 책을 읽고 있다면, 성공을 위해 반드시 필요한 두 가지 자질은 이미 갖고 있는 셈이다. 변화하고 싶다는 강한 의지와 성공이 가능하다는 믿음이 바로 그것이다. 세 번째 요소는 완벽하고 잘못될 염려가 없는 계획이다!

나는 어떤 라이프스타일에도 적합한 프로그램을 고안했다. 프로그램 중에서 새로운 문항을 매일 한 가지씩 생활에 적용하면 된다. 시간이 날 때마다 수시로 활용하거나 진행하다가 중단된 경우, 처음부터 다시 시작해서 열흘 동안 프로그램을 진행할 수도 있다.

이 책을 읽고 있다면, 쌍방향 경험을 하고 있는 것이다. 이전과는 다른 자신의 본모습을 볼 수 있으며, 이 책에서 제시하고 있는 여러 가지 아이디어를 창의적으로 활용할 수 있다. 그리고 일기장에 이 책에서 제시하는 여러 가지 질문에 대한 답을 적어보고 자신만의 아이디어, 대답, 생각, 느낌 등을 더 해볼 수 있다. 또한 자신만의 프로세스가 어떤지 질문을 던져보고 철저하게 탐구해 볼 수 있다. 즉 스스로 자신의 코치가 되어 보는 것이다. 이 책을 이렇게 활용한 다면, 내면 깊숙한 곳에 있는 믿음과 생각, 감정, 소망 등을 반영할 수 있을 것이다. 그리고 현재 자존감의 수준을 확인할 수 있으며, 인생 전반을 바꿀 수 있는 간편하고도 실용적인 방법을 증명할 수 있을 것이다. 하지만 무엇보다도, 결국에는 자신의 꿈을 현실로 만들 수 있는, 자신감에 찬 새로운 당신을 만들어 낼 수 있을 것이다.

나는 이 분야에서 오랫동안 일하면서, 수백 가지의 아름다운 자기 변화 이야기를 들을 수 있는 특권을 누려왔다. 이 경험을 통해 알게 된 사실은, 가장 강력하고 긍정적인 변화는 역경 속에서 꽃을 피우는 일이며, 결코 자신을 포기하지 않는 것이다. 자신의 인생을 자존 감으로 채우고, 자신만의 놀랍고도 특별하며 창의적인 영혼을 발견해 완전한 잠재력을 즐겨보자.

당신의 삶은 변화할 수 있으며, 당신은 이미 변화에 필요한 모든 것을 가지고 있다. 오늘부터 시작이다!

제1부

관리하기

1일

자존감 높이기

나는 평범한 사람이다. 보통 사람들처럼 기분 좋
은 날도 있고 나쁜 날도 있다. 한마디로 자신감이
없는 사람이다. 정말로 그렇다.

– 헬렌 미렌(Helen Mirren, 영국의 여배우)

1일 | 자존감 높이기

나는 보고, 듣고, 생각하며, 말하고, 뭐든지 할 수 있는 존재다.
나는 생존하고, 다른 사람들과 관계를 맺고, 생산적이며, 나 이외
의 사람들과 사물의 세계에서 느끼고 질서를 유지할 수 있는 도구
를 가지고 있다.
나는 나의 주인이기 때문에 내 의지대로 움직일 수 있다.
나는 나이고 나는 괜찮다.

— 버지니아 사티르(Virginia Satir, 심리요법 전문가)

내가 나라는 사실을 알고 나는 괜찮은 사람이라고 인식하는 것은 정확한 출발점이다.

자존감은 자신에 대한 믿음부터 시작한다. 따라서 어떤 일이 벌어지더라도 '나는 괜찮아.' 라는 말을 지침으로 삼을 수 있다.

예를 들어, 실수를 저지른다거나 자신에게 실망스런 일이 생기면, 자책하게 되고 자기 비판적인 생각에 빠져들어 자신이 비참하고 무가치하다는 생각에 빠져 허우적대게 된다. 그럴 때마다 자신은 괜찮으며, 그저 실수 한 번 저지른 것뿐이라고 생각해야 한다. 자존감이 있는 사람들은 자신이 완벽한 상태가 아닌, 괜찮은 상태로 생각한다.

그리고 당신의 주인은 당신 자신이기 때문에 스스로를 '다룰' 수 있다. 즉 자신을 가장 제대로 알고 있으며, 직접적으로 알고 있기 때문에, 잠재력을 파악하기 위해 해야 할 일을 정확하게 알고 있다는 뜻이다.

가끔씩 고객들은 내가 자신들을 정확하게 알고 있다고 말하면서 놀라곤 한다. 그러나 나는 그저 그들이 이미 보여준 모습만을 알고 있는 것뿐이다.

당신도 자신을 가장 잘 알고 있지만, 얼마나 특별하고, 소중하며, 사랑스러운 존재인지는 잊어버렸을 수 있다.

우리는 태어나는 순간부터 배우기 시작하는 존재이기 때문에, 자신과 자신이 속한 세계에 대해 언제나 배우는 과정에 놓여 있다. 그리고 늘 피할 수 없는 새로운 문제에 직면하게 된다. 그중에서도 가장 큰 문제는, 우리 자신이 특별하고 소중하며 사랑스러운 존재라는 사실을 기억하는 것이다.

그러나 인생을 살아간다는 것은 녹록치 않기 때문에 그 사실을 잊어버리곤 한다.

나는 여배우 헬렌 미렌(Helen Mirren)이 자신을 '자신감이 없는 존재'라고 표현한 것을 좋아한다. 그녀는 누가 봐도 재능이 있으며, 자신의 분야에서 성공을 거둔 우아한 여성이다. 그러나 그녀도 자신감을 잃는 날이 있다. 우리처럼 말이다!

사람의 자존감이란 극도로 예민해 모든 상황에 따라 반응한다. 매일, 때로는 매 순간 극적으로 변한다. 그렇다면 바로 지금 당신이 자신에 대해 어떤 생각을 가지고 있는지 확인해 보자.

초반 자존감 체크리스트

	그렇다	그렇지 않다
나는 낙관적이다		
나는 올바른 결정을 내리는 편이다		
화를 내는 것은 괜찮다고 생각한다		
나는 자신을 믿는다		
나의 직관력을 신뢰한다		
세상은 아름다운 곳이다		
실수를 저질러도 괜찮다		
나는 자신을 사랑하고 소중하게 여긴다		
나도 슬플 때가 있다		
나는 변할 수 있다		
나는 나 자신을 용서할 수 있다		
필요한 상황에서는 '아니오'라고 말할 수 있다		
감정을 쉽게 표현할 수 있다		
나는 최고의 삶을 누릴 자격이 있다		

이 질문들에 어떻게 답했는가? 강인하며, 자신감이 충만하고, 단호하며, 세상에서 유일한 사람이라는 기분이 드는가? 아니면 위협을 받고 있으며, 불안하고, 자신을 통제할 수 없다고 느끼는가? 다른 말

로 표현하자면, 자존감이 높은 사람인가 아니면 낮은 사람인가?

자존감이란 무엇일까?

아래의 항목들은 자존감의 정도를 판단할 수 있는 항목들이다.

높은 자존감	낮은 자존감
생동감	무기력함
충만한 자신감	부족한 자신감
여유 있는 태도	긴장되어 있는 태도
안정적	불안정적
평화롭고 고요한 상태	스트레스를 받고 있는 상태
존엄성	수치심
현실적인 기대감	비현실적인 기대감
긍정적인 개인적인 경계	부정적인 개인적인 경계
통제 가능	통제 불가능
원활함	답답함
성공	실패
카리스마적인 성격	나약한 성격
진짜 같다고 느낌	거짓 같다는 느낌

높은 자존감	낮은 자존감
자존심이 있음	자존심이 없음
일과 생활의 균형	에너지 소진
열정	우울
타인과의 연결	타인과의 고립

이 항목들과 연관이 있는가? 동의하지 않는 항목이 있는가?
아니면, 추가하고 싶은 항목이 있는가?

....

....

....

오늘부터 우리는 자존감을 높이는 프로그램을 시작할 것이다. 이 것이 선택의 문제인지 궁금할 수도 있다.

그러나 자기 의심이라는 추한 감정이 고개를 들고 일어나 무기력 감과 실패라는 감정에 굴복한다면, 이 길을 선택할 필요도 없을 것 이다.

높은 자존감을 가지고 있다는 것을 개인적인 특성이라고 치부할 수도 있다.

하지만 나는 직업 특성상 수많은 고객들로부터 자존감이 낮기 때 문에 이것도 할 수 없다, 저것도 할 수 없다는 말을 많이 듣는다.

당신 또한 이렇게 말하고 다니거나, 아니면 머릿속으로 늘 이렇게 생각하고 있을 수 있다.

그러나 자존감의 특성을 자세히 살펴본다면, 자존감은 특정한 조건에 영향을 받으며 그 조건은 변화가 가능하다는 사실을 알게 될 것이다.

높은 자존감과 낮은 자존감을 경험하는 방법

자존감의 핵심은 자신을 믿는 것이다. 자신을 '괜찮은 사람'이 아니라 가치가 없고 무능력하다고 생각한다면, 그 생각이 자신에 대한 감정으로 발현된다. 그리고 그 생각이 행동으로 표출된다면, 자존감이 낮은 모습을 보이게 된다.

자신을 책망하고 비난한다면, 어떤 행동을 하든 헛되고 효과가 없을 것이다.

그러나 자신을 격려하고 지지하며 스스로 존중할 만한 가치 있는 사람이라고 생각한다면, 그 감정은 긍정적이며 진심이기 때문에, 기대에 부응하기 위해 효과적으로 행동하게 될 것이다.

즉 자신의 인생에서 일어나는 모든 일들을 훌륭하게 해낼 수 있다고 생각하게 된다. 자신을 믿는다면, 감정과 행동에 즉각적으로 효과가 나타날 것이다.

온전한 자아를 경험한다는 것은 생각과 신체, 정신과 감정을 통합하는 것이다. 그것은 우리의 생각과 감정, 행동이 공존한다는 것을 의미한다. 이 요소들은 밀접하게 연결되어 있으며, 한 요소가 또 다

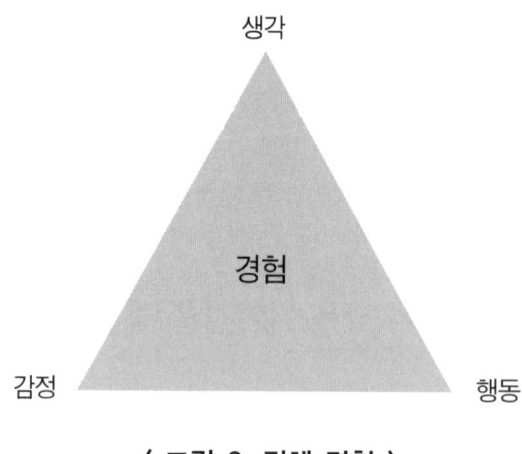

생각

경험

감정　　　　　　　　　　행동

〈 그림 2. 전체 경험 〉

른 요소를 만들어 전체적인 경험이 일어나는 것이다.

그림 2를 살펴보자. 이제 실제 생활에서 전체적 경험이 어떻게 일어나는지 살펴보자.

예 1 : 오랫동안 기다려왔던 승진 기회가 왔다고 상상해 보자. 물론 이처럼 기쁜 소식을 듣게 되면 '나는 잘해낼 수 있어, 나는 승진할 자격이 있어, 동료들도 내 능력을 인정하고 있어.' 와 같은 긍정적인 생각이 들면서 날아갈 듯이 기쁠 것이다. 그리고 행복감과 결단력 같은 감정이 자연스럽게 높아지면서, 단호하고 결정적인 행동으로 이어지게 된다. 그리고 높은 자존감을 경험하게 된다.

예 2 : 오랫동안 기다려왔던 승진 기회가 다른 사람에게 돌아갔다고 상상해 보자. 어떤 기분이 들겠는가? '나는 승진하기에 적합하지 않아, 사람들은 나를 싫어해, 나는 지금보다 좋은 직장으로 이직하기 힘들 거야.' 와 같은 생각을 반복하면서 부정적인 상태로 빠져드는 일은 생각보다 쉽다. 그리고 이런 생각은 절망감과 낮은 자존감으로 이어지고, 곧 피해자처럼 행동하기 시작할 것이다. 하지만 당신은 사안을 바라보는 관점을 선택할 수 있다.

인생에서 여러 가지 일들에 부닥치면서 기대감이 깨졌을 때 환멸을 느끼는 일은 자연스럽다.

하지만 자존감이 높은 사람들은 실망감과 실패로 인해 불안정하고 자기 신뢰가 무너지지 않도록 일관성 있게 행동한다. 여기에서 핵심은 자존감을 걱정하는 만큼, 태도가 모든 것을 좌우한다는 것이다! 물론, 모든 일이 순조롭게 진행될 때 자신감에 가득 차 행동하는 것은 쉽다.

그러나 알다시피 우리는 매일 새로운 문제에 직면하게 되고, 이런 문제를 극복하거나 심한 압박감을 받고 주저앉게 된다.

모든 일은 변하기 때문에, 상황에 따라 우리 또한 변해야 한다. 그러나 사람들은 변해야 한다는 스트레스에 짓눌려, 생활이 불안정하고 위협받고 있다고 느끼며 자신이 연약한 존재라고 생각한다.

우리의 생각과 감정, 행동은 끊임없이 변화하고 있다.(마음에 집중한다면, 그것이 진실인지 확인할 수 있다.) 하지만 그것은 자존감도 시시때때로 변하기 쉽다는 것을 의미한다. 자신감도 빠르게 변할 수 있으며, 그것이 기분까지 좌우한다는 것을 잘 알고 있을 것이다.

즉 누군가가 우리의 '연약함'을 건드리게 되면, 곧장 자기 의심이라는 부정적인 감정에 휩싸여 피해자처럼 행동하게 된다. 그리고 이런 상황은 우리 모두가 피할 수 없이 일어날 수 있는 일이다.

자존감이란 올라갈 때도 있고 내려갈 때도 있기 때문에, 자존감이 가지고 있는 장점만을 취해야 한다.

자존감을 갖는다는 것은 자신을 친절하게 대하고 사랑하는 것이다. 불안정한 감정 상태에 빠져 자기 의심을 하고 있는 사람은 당신만이 아니다. 이것은 자연스러운 일이기 때문에 그런 감정 상태에 빠져 자신의 삶을 파괴할 필요는 없다. 그것은 이 책을 끝까지 읽게 되면 알게 될 일이다.

자신을 궁지로 모는 일에서 벗어나게 된다면, 끝없는 자기 비난을 멈출 수 있으며 자신을 인정하기 시작한다는 것을 나는 경험상 알고 있다.

자신을 소중하게 대할 수 없다면 인생이라는 선물을 소중하게 여길 수 없기 때문에, 이것은 가장 중요한 단계다.

자신감을 위한 조언
자신의 성공을 소중하게 여겨야 한다

인정하지 않더라도, 당신은 특별한 능력과 재능이 있는 멋진 사람이다. 사람들은 쉬지 않고 자신의 목표를 향해 나아가지만, 그 과정에서 다치기도 한다. 성공을 거둔 직후에도, '충분하다고 여기지 않으며' 자신에게 더 많은 것을 요구한다. 사람들은 자신의 성공을 좀처럼 축하하지 않기 때문에 나아가야 할 길을 잃기도 한다.

- 성공 자체를 '충분하지 않다.'고 생각하는 순간을 알아채야 한다.

- 자신과 타인에게 '자신의 능력을 증명해야 한다.'고 느끼는 이유를 생각해야 한다.

- 작지만, 자신의 모든 성공을 하나하나 소중하게 여겨야 한다.

- 자신의 모든 노력을 칭찬해야 한다.

- 자신을 인정해야 한다. 당신은 최선을 다했다!

높은 자존감 혹은 낮은 자존감을 만들어내는 생각과 감정, 행동

다음의 항목들은 높은 자존감 및 낮은 자존감과 관련이 있는 다양한 정신적, 감정적, 행동적 상태다.

자존감이 높은 사람의 생각	자존감이 낮은 사람의 생각
나는 자신을 믿는다	나는 자신을 믿을 수 없다
나는 최고의 대접을 받을 자격이 있다	나는 최고의 대접을 받을 자격이 없다
나는 내 본능을 믿는다	나는 내 본능을 믿을 수 없다
나는 절제가 가능하다	나는 절제할 수 없다
나는 자신을 소중히 여긴다	나는 자신을 존중하지 않는다
나는 변할 수 있다	나는 변할 수 없다
나는 성공했다	나는 실패했다
나는 여러 가지 일을 성취할 수 있다	나는 비효율적이다
나는 충분히 뛰어나다	나는 뛰어나지 않다
나는 할 수 있는 한 최선을 다한다	나는 기대에 미치지 못한다
느낌	**느낌**
마음에서 우러난다	초조하고 융통성이 없다
낙관적이다	비관적이다
긍정적이다	부정적이다
죄책감을 느끼지 않는다	죄책감을 느낀다
인정받고 있다	비난받고 있다
지지를 받고 있다	피해를 받고 있다
타인에게 친절하다	사교적이지 못하다
동기를 부여받는다	아무런 동기가 없다

균형이 잡혀 있다	언제나 기분이 언짢은 상태다
여유가 있다	불안하다

행동	**행동**
효과적이다	비효과적이다
개방적이다	방어적이다
'아니오' 라고 말할 수 있다	'아니오' 라고 말할 수 없다
창의적이다	상상력이 결여되어 있다
위험을 떠안을 수 있다	위험을 떠안을 수 없다
사람을 믿는다	사람을 두려워한다
감정을 드러낼 수 있다	감정을 드러내지 못한다
애정을 보인다	비난하는 태도를 보인다
근심이 없다	낙담한 상태다
확신을 가지고 수용하는 태도를 보인다	공격적이다

이 목록에 추가할 내용이 있는가?

....

....

....

이런 다양한 상태가 자존감에 어떻게 영향을 미칠 수 있을까?

우리의 생각과 감정, 행동은 언제나 변하고 있으며, 자존감의 정도도 1분 단위로 바뀔 수 있다.

당신도 자신감으로 가득 차 있다가, 어떤 일이 발생하면 곧바로 다르게 변할 수 있다. 이 '어떤 일'은 자기 비판적인 감정을 부추겨 자신감을 떨어뜨릴 수 있는, 어떠한 상황도 될 수 있다. 그리고 높은 자존감을 유지하고 있던 생각도 바뀔 수 있다. 이런 일이 생긴다면, 갑자기 부정적인 생각의 소용돌이 속으로 주체할 수 없이 빠져들게 될 것이다. 자신이 최고의 대접을 받을 사람이라고 믿고 자신의 인생을 통제할 수 있다는 느낌을 받는 대신에, 가치 없고 무력하다고 생각하게 될 것이다.

즉 상황의 피해자가 되는 것이다! 이런 변화가 일어나는 속도는 정말로 놀라울 정도다. 생각이 변하는 것만큼, 감정과 행동도 정확하게 반응한다. 낙관적이며 여유를 느끼는 대신, 불안하고 비효율적이며 우유부단하게 행동하게 된다.

> *생각하는 대로 경험이 달라질 수 있기 때문에, 생각하고 있는 내용을 정확하게 인식하고 있어야 한다. 긍정적인 마음가짐을 가질 때. 자신감이 생긴다.*

연습하기

높은 자존감이 낮은 자존감으로 바뀔 때

높은 자존감을 가지고 있던 상태에서 갑자기 사기를 저하하게 만들었던 사건을 떠올려보자. 누군가가 당신의 민감한 부분을 비난했을 수도 있다. 그리고 수치심을 느꼈거나 상황을 간단히 대처하지 못했을 수도 있다. 이 상황을 정확하게 재구성 해보자.

1. 사건이 일어나기 전 자존감이 높았던 당시 당신의 모습은 어떠했는지 설명해 보자.

....

....

....

....

2. 당시 감정적인 상태는 어떠했는가?

....

....

....

....

3. 사건이 발생하기 전에는 어떻게 행동했는가?

....

....

....

....

이제 자존감을 잃은 후 감정을 재현해 보자.

....

....

....

....

4. 사건이 발생한 후 자신에 대해 어떤 생각이 들었는가?

....

....

....

....

5. 자존감을 잃고 어떤 기분이 들었는가?

....

....

....

....

6. 사건이 발생한 후 행동이 어떻게 변했는가?

....

....

....

....

자존감은 언제나 위태로울 수 있다. 사람은 자신도 놀랄 정도로 감정의 기복을 겪을 수 있기 때문이다. 당신의 이야기처럼 들리는가?

다른 사람이 자신을 비난하고 있다고 느낀다면, 자기 의심이 표면으로 드러나고 있는 것이다. 다른 사람의 의견에 흔들려서는 안 된다.

변화의 주기

믿음(생각)과 감정(기분), 행동(활동)의 상호의존성이란, 이 세 요소 중 하나를 의식적으로 바꾸려고 한다면, 경험의 본질 자체가 변화할 수 있다는 것을 의미한다. 이 과정이 어떻게 진행되는지 살펴보자. 이전 연습에서 작성했던 답안을 다시 살펴보자. 높았던 자존감이 한없이 떨어졌던 상황 전후의 생각과 기분, 행동의 관계를 살펴보자. 이 과정으로 인한 영향을 바꾸는 것은 얼마든지 가능하다. 즉 자존감을 회복할 수 있다는 의미다. 그림 3 '변화의 주기'는 이것이 얼마나 간단하게 진행되는지를 보여주고 있다.

질문 4번, 5번, 6번에 답하고 각 답안을 그림 3(a)의 적절한 위치에 넣어보자. 빈칸에는 당신이 실망했던 사건을 기록해 보자. 이제 당신이 작성한 그림 3(a)를 살펴보자. 이 사건에서 당신의 생각과 기분, 행동의 관계는 어떠한가? 각 요소가 연쇄적으로 반응하고 있는가? 그리고 한 요소가 다른 요소를 발생시키고 있는가? 그림에 작성했던 답을 생각해 보자. 할 수 있다면, 어떤 반응을 바꿀 수 있겠는가?

이 상황에서 생각을 바꿀 수 있는가? 예를 들어, 실망스러운 상황에 처했지만, 자신을 확고하게 믿는다면 이 연쇄반응을 깨뜨릴 수 있겠는가? 사건을 느끼는 방법을 바꿀 수 있겠는가? 예를 들어, 상황을 농담처럼 말하는 게 가능한가, 그리고 그런 행동으로 기분이 가벼워지는가? 혹은 다르게 행동할 수 있는가? 어쩌면 당신은 진심을 말하지 않았을 수도 있다.

3(a)

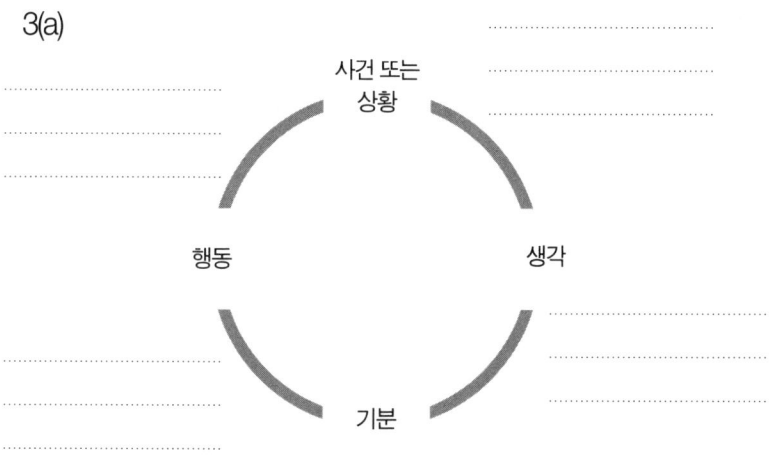

3(b)

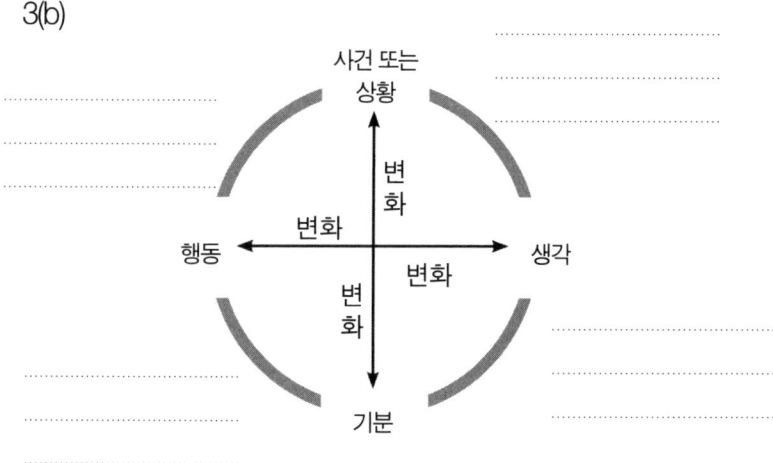

〈 그림 3. 변화의 주기 〉

자존심을 상하게 만들었던 상황과 당시의 생각, 기분, 행동을 떠올려보자. 어떤 이유에서든 상황을 벗어나려 한다면, 변화할 수 있는 범위는 크다. 변화의 주기는 특정한 상황에서 보일 수 있는 반응을 이해하고, 상황에 따라 다르게 행동하는 방법과 자존감을 유지할 수 있는 유용한 도구이다.

다르게 행동할 수 있는 반응 하나를 생각해 보자. 그리고 이것을 그림 3(b)의 적절한 빈 칸에 적어보자.

당신이 작성한 답이 그림 3(b)의 다른 요소를 어떻게 바꾸는가?

이제, 그림의 반응 하나를 바꿔 다른 빈 칸을 채워보자. 모든 것이 변했는가? 그리고 그 반응으로 사건에 대한 인식이 바뀌었는가? 할 수 있는 한 상상력을 발휘해 창의적이면서도 자유롭게 다른 시나리오를 만들어보자. 그리고 다음번에 다시 비슷한 상황에 처하면, 그 때에는 자존감을 유지할 수 있겠는가?

당신은 자신만의 변화 주기를 그릴 수 있으며, 자존감이 낮아질 때마다 변화 주기 방법을 사용할 수 있다. 창의적으로 변하자. 언제나 변할 수 있다는 사실을 잊어서는 안 된다. 당신의 반응으로 자아 존중감이 낮아진다면, 자아 존중감을 높일 수도 있다. 따라서 자존감을 유지할 수 있는 반응을 선택해야 한다.

통찰력
당신의 미래는 밝다

당신은 변할 수 있다. 그것이 진실이라는 것을 알지 못한다면, 이 책을 읽지 않은 것이다. 그리고 당신의 미래를 밝게 만들어 줄 것은 자기 변화를 믿는 것이다.
다음의 가능성을 살펴보자.

당신은,

- 자신에 대한 믿음을 변화시킬 수 있다.
- 기분을 바꿀 수 있다.
- 다르게 행동할 수 있다.
- 자신을 소중하게 여기고 인정할 수 있다.
- '할 수 있는' 사람이 될 수 있다.
- 낙관적인 방법을 선택할 수 있다.
- 새로운 모험을 시작할 수 있다.
- 역경에 처했어도 웃을 수 있다.
- 자신이 완벽하지 않을 수 있다는 사실을 받아들일 수 있다.
- 자신이 성공할 것이라고 믿을 수 있다.
- 부정적인 생각을 버릴 수 있다.
- 자신이 본질적으로 가치 있다는 것을 알고 있다.
- 난관에 직면해도 자신감을 유지할 수 있다.

다음과 같은 내용을 생각해 보자 : *자신에 대해 부정적으로 생각한다고 하더라도, 그것이 반드시 진실을 의미하지는 않는다.*

【 사례 연구 】

33세의 소피(Sophie)는 런던에 있는 의류 및 액세서리 브랜드 온라인 매장의 사진 담당자다. 런던의 패션 산업과 사교계에서 떠오르고 있는 소피는 '모든 것을 가진 사람' 처럼 보였다. 버밍엄에서 열리는 연례 의류 박람회 '클로드 쇼 라이브(Clothes Show Live)'의 한 프로그램에서 내가 자기 내면과 자신감을 주제로 발표했을 당시, 우리는 처음 만났다. 몇 달 후, 그녀에게서 전화가 걸려왔다. 소피는 '아무에게도 말하지 못했던 불안정 문제'를 상담받고 싶어 했다. 소피는 사랑스럽고 재능이 있으며 사교적이었지만, 자신의 이미지를 유지하기 위해 내면 깊숙한 곳에서는 고통받고 있었다.

그녀는 유명세를 근근이 유지할 수 있었던 것이 성공에 대한 불안과 의심의 감정이 뒤섞여 이루어진 것이라고 말했다. 조금 더 자세히 설명해 달라고 부탁하자, 그녀는 오랜 시간을 '곧 들통 날 사기꾼 같은 기분' 으로 살고 있었다고 표현했다. 그리고 자신이 업계에서는 꽤 능력이 있지만, 감정은 상당히 비논리적이라고 인정했다.

하지만 우리는 대화를 나누면서, 자기 믿음이 거의 없다는 사실을 확인할 수 있는 증거라는 것은 없다는 것을 알 수 있었다. 그리고 부정적인 감정에는 논리가 없다는 것도 확인할 수 있었다. 감정은 때로 비논리적이기 때문에, 자기 믿음의 감정이 사라질 때마다 그래야 할 이유가 없다는 사실을 기억해야 한다.

우리가 인지행동요법으로 알 수 있는 것은, 생각을 촉발한 감정을 추적하는 것이 가능하다는 것이다. 그리고 생각의 본질을 바꿀 수 있다면, 감정의 본질도 바꿀 수 있다. 나는 이 방법을 소피에게 적용했다.

소피는 첫 4주 동안 자신의 부정적인 생각 프로세스를 인식하고, 그 과정을 기록하여 나와 그 내용에 대한 대화를 나눴다. 나는 그녀에게 부정적인 생각이 들 때마다 '그게 정말로 맞아?' 라고 자문한 후, 부정적인 생각을 '포착할' 것을 요구했다. 사람들은 매일 습관적으로 몇 번씩 자아 비판적인 생각을 하고 있기 때문에, 이것은 매우 중요한 기술이다.

소피는 하루에도 몇 번씩 자신이 했던 일을 곱씹으며, '나는 뛰어나지 않아.' 라고 중얼거리고 있다는 것을 확인하고는 충격을 받았다. 그녀는 매우 어릴 때부터 내면 깊은 곳에서부터 '완벽해지길' 원했다는 사실을 알게 되었다. '완벽에 대한 추구' 는 모든 여성들에게 공통된 주제로써, 상당한 대가(자신에 대한 불만족)를 치르고 달성할 수 있다는 것을 의미한다. 하지만 어찌 됐든 여성들은 완벽해지기 위해 노력하고 있다! 소피는 유아기 때부터 완벽주의적인 성향이 있었다는 것을 결국 생각해 냈다. 그녀는 그때부터 매우 비판적이었던 성격의 아버지를 기쁘게 하기 위해 노력하기 시작한 것이다. 모든 수수께끼는 풀리기 시작했다. 그녀는 자신을 다른 관점으로 바라보기 시작했으며, 무슨 일을 하든 '꽤 괜찮다.'고 받아들이기 시작했다.

　자기 변화는 어렵지 않다. 단순하게 생각하고 느끼며 행동할 수 있는 정확한 방법을 찾아 자신을 다정하게 대하고 수용하는 데서부터 시작할 수 있다.

자기 친절의 힘

　자존감이 꽃이라면, 뿌리는 어디에서 찾을 수 있을까? 낮은 자존감을 뿌리라고 생각한다면 답은 쉽다. 그 근원은 자아 존중감이 결여되어 있고, 자신감이 없으며, 고유한 가치를 느끼지 못하기 때문이라는 것을 우리는 알고 있다. 그러나 이 같은 성격이 생기기 전으로 돌아가 보자. 과거를 회상하면, 낮은 자존감의 씨앗이 무엇인지 알 수 있다. 즉 자신에게 친절하지 않았기 때문이다. 자신을 신뢰하는 감정이 자연스럽게 높은 자존감으로 이어진다는 것을 알고 있으면서, 좋아하지도 않고 인정하지도 않는 누군가를 신뢰하고 믿을 수 있을까? 다시 말해, 자신에게 친절하지 않다면, 절망으로 빠르게 치닫는 부정적인 상태에 머무르게 될 것이다!

　우리는 타인에게는 친절하고 선의를 가지고 행동하고 친구와 가족을 살뜰하게 보살핀다. 그러나 자신에게 사랑과 열정을 보이는 데에는 인색한 편이다. 그리고 다른 사람이 우리에게 보이는 불친절함 이상으로, 자신에게 불친절하게 대한다. 당신은 쓸모없고 뛰어나지도 않으며 똑똑하지도/날씬하지도/아름답지도 않고, 희망도 없다는 등의 내용으로 자신을 무자비하게 꾸짖는 자신의 내면의 목소리에만 익숙해 있다. 그리고 뭔가 새로운 것을 시작하려 할 때에도 '너는 대체 뭐하는 사람이야?', '너는 이런 대접을 받을 자격이 없어.', '바보가 되기 전에 먼저 포기해.' 같은 속삭임이 들게 된다.

이 책에서는 내면의 목소리가 무엇을 말하려고 하는지, 어떤 식으로 말하는지, 도움도 되지 않고 낙담시키는 방법으로 말하는 이유는 무엇인지 등을 자세하게 알아볼 것이다. 지금은 자기 자신에게 불친절하고 상처 주고 있다는 사실을 인식하기만 하면 된다. 하지만 내면의 목소리를 믿는다면, 언제나 자존감이 낮은 상태로 살아가게 될 것이다.

부처는 "당신 자신보다 당신의 사랑과 애정을 받을 수 있는 사람을 찾을 수는 있다. 그러나 그런 사람은 어디에도 존재하지 않는다. 이 세상에 살고 있는 수많은 사람들처럼 당신 자신도 당신의 사랑과 애정을 받을 자격이 있다."고 설법했다. 어떤 생각이 드는가? 자신을 더 사랑한다는 것은 어떤 의미일까? 당신은 모든 사랑과 친절을 받을 자격이 있다고 생각하는가? 그렇다면, 어떻게 자신을 더욱 사랑할 수 있을까?

자신에게 더욱 친절해지는 10가지 방법

1. 자신이 할 수 없는 것에 집중하려 하지 말고, 할 수 있는 일에 집중해야 한다. 관심의 방향을 돌리면 행복해질 수 있다.
2. 자신을 위해 아름다운 꽃이나 맛있는 과일, 좋아하는 잡지를 구

입해 보자. 당신은 이런 대접을 받을 자격이 있기 때문이다.

3. 사람들의 생각을 걱정할 필요가 없다. 모든 사람들은 자신에게만 관심을 쏟을 뿐, 당신을 판단하지 않는다.

4. 자신이 누리고 있는 것들에 감사하는 습관을 갖자. 마이애미 대학교 마이클 맥컬러프(Michael McCullough) 심리학과 교수는 "감사할 줄 아는 사람이 보다 행복하고, 보다 낙관적이며, 자신의 삶에 만족할 줄 알고 있다."고 말했다.

5. 미소를 짓고 좋은 기운을 퍼뜨려야 한다. 그렇다. 당신도 할 수 있다. 그리고 당신이 이 같은 행동을 시작하면, 새롭고 긍정적이며, 삶을 굳건하게 만드는 에너지가 뿜어져 나올 것이다.

6. 좋아하는 일을 하자. 예를 들어, 공원을 산책하거나, 새로 나온 책을 읽는다거나, 친구를 만나거나, 수영을 해보자.

7. 자신에게 친절하게 말을 걸어보자. 자신을 격려하고 도움이 되는 말을 건네 보자. 하루 정도는 자기 비난적인 태도를 버리고 기분 전환할 만한 일을 찾아보자.

8. 영원히 지속되는 자신감이란 없다. 이 말은 이 책에서 가장 효과적인 조언일 것이다. 외부나 내면의 영향을 받지 않을 수는 없지만, 회복할 수 있다는 것을 기억해야 한다.

9. 혼자만의 시간을 두고 결정을 내려야 한다. 다른 사람의 제안에 즉시 반응할 필요는 없다.

10. 당신 자신이 되어야 한다. 즉 당신이 '되어야겠다.'고 생각하고 있는 모델이 아닌 당신 본연의 모습이 되어야 한다는 의미다.

자신에게 친절하게 대할 수 있는 방법은 여러 가지가 있다. 그리고 이 책을 읽고 난 후에는 더욱 많은 방법을 알게 될 것이다. 자기 이해심이 생기면 자신의 마음을 살펴볼 수 있고, 전에는 결코 알아챌 수 없었던 자기 의심과 자기 증오의 패턴을 밝혀낼 수 있게 된다. 이 놀라운 과정을 거치면서 낮은 자존감과 자신감 부족으로 이어졌던 반복적인 부정적 패턴의 실체를 직접 확인할 수 있게 된다. 자신을 불친절하게 대하고 있다는 것을 확인하기 위해서는 자기 인식력을 기르면 된다. 자기 인식력이 높아지면 자기 비난의 감정이 생길 때마다, 스스로에게 상처 주는 행동을 하고 있는 자신의 모습을 볼 수 있게 된다. 하지만 자신에게 도움이 되지 않는 패턴을 발견하게 되면, 자신을 질책하는 대신에 친절하게 대하는 습관을 들이면 된다. 이 방법을 따르기 위해서는 먼저 간단하게 자신에게 물어보자. '어떻게 해야 자신에게 친절하게 대할 수 있을까?' 그리고 자신이 제시하는 충고를 따르면 된다.

1일차 | 검토하기

자신감이 넘치는 새로운 당신이 나타났지만, 이 책의 프로그램을 완전히 실행할 때까지는 완벽하지 않을 것이다. 매일 하루를 마감할 때, 자존감을 높일 수 있는 자신만의 핵심 방법과 가능성을 요약해 보자. 일기를 쓰는 것은 상당한 도움이 될 것이다. 10일간의 프로그램을 진행하면서 머릿속을 스치고 간 모든 내용을 기록해 볼 것을 권한다. 그리고 하루를 마감하는 검토의 시간에 기록해 두었던 내용을 다시 읽어보자. 중요한 생각과 자신에게 영향을 미쳤던 모든 것을 생각해 보자. 그리고 평소와는 다른 관점에서 생각해 보자. 자신을 깊이 생각해 보면, 의미 있는 희망을 가질 수 있으며, 과거를 생생하게 회상할 수 있고, 생각만 하고 있었던 일을 현실화할 수도 있다. 따라서 중요하다고 생각하는 모든 것을 기록해 보자.

1일차 핵심 생각

- 높은 자존감 또는 낮은 자존감, 선택은 언제나 당신의 몫이다.
- 당신이 해야 할 가장 큰 과제는 자신에게 감정이 좋지 못할 때에도 언제나 자신은 특별하며, 가치 있고 사랑스러운 존재라는 사실을 기억하는 것이다.
- 당신의 생각과 감정, 행동은 끊임없이 변한다. 이는 자존감이 매 순간 바뀔 수 있다는 것을 의미한다.
- 모든 사람들은 자존감과 자신감의 기복을 겪는다.

- 자존감이 높은 사람들은 실패하더라도 불안정한 자기 의심의 상태로 빠지지 않기 위해 끊임없이 노력한다.
- 작고 하찮게 보이는 성공이더라도 모든 성공을 소중하게 여기는 것은 중요하다. 자신을 인정하는 태도를 통해 자신감을 강화해야 한다.
- 모든 경험은 자신의 생각과 감정, 행동에 따라 달라질 수 있다.
- 당신의 반응으로 자존감이 낮아진다면, 반대로 자존감을 높일 수도 있다는 의미다.
- 자신이 변할 수 있다는 것을 알고 있다면, 당신의 미래는 밝다.
- 자신에 대해 부정적으로 생각하고 있더라도, 그것이 반드시 진실을 의미하지는 않는다.
- 자신을 친절하게 대하지 않는다면, 자존감이 낮아진다. 친절함이라는 씨앗을 심어 당신 자신이 꽃을 피우는 것을 지켜보자.

1일차에 지켜야 할 3가지 행동 수칙

다음의 항목들은 실천으로 옮길 수 있는 것들이다.

1. 오늘의 생각을 기록해 보자.
   예 : 실수했다는 생각을 할 때마다 자신이 싫어졌다.

2. 이러한 생각 이면의 패턴(생각/감정/행동)을 생각해 보자.
   예 : 나는 내가 옳다고/완벽하다고 생각할 때에만 만족한다!

3. 반응을 바꿀 수 있는 행동 방침을 세워보자.

예: 내가 옳아야만 한다고 생각할 때를 알아차리고, 사람은 모두 실수할 수 있는 존재라는 사실을 떠올릴 것이다.

이 3가지 행동 수칙을 시작해 보자.

나만의 개인적인 견해 :

....

....

견해 이면에 있는 패턴 :

....

....

나의 행동 방침 :

....

....

어떤 생각을 가지고 있든 이 간단한 구조를 실질적으로 응용할 수 있다. 우리는 자신의 행복과 자신감을 앗아가는 부정적인 습관을 버리기 위해 이 방법을 반복해서 사용해야 한다.

2일

긍정적으로 생각하기

자기 의심에는 긍정적인 면이 없다.

— 휴 헨드리(Hugh Hendry, 헤지펀드 매니저)

2일 | 긍정적으로 생각하기

사람은 대체로 하루 종일 자기 자신만을 생각하고 있다.
― 랄프 왈도 에머슨(Ralpf Waldo Emerson, 철학자 겸 시인)

1971년, 나는 사회과학 학도로 요크 대학교(York University)에 입학했다. 나는 심리학과 사회학을 공부하길 원했지만, 무엇인가 거부하기 힘든 물음에 대한 답을 찾고 있었다. 더글러스 애덤스 (Douglas Adams)의 '은하수를 여행하는 히치하이크를 위한 안내서(The Hitchhiker's Guide to the Galaxy)'의 내용을 빌자면, 당시의 나는 '삶과 우주, 모든 것에 대한 궁극적인 질문에 대한 궁극적인 답'을 찾고 있었다. 나의 답을 찾아가는 과정은 상당히 더뎠지만, 자아 변화의 과정을 이해하고 싶다는 나의 열망은 매력적인 직업으로 이어졌다.

사람은 인생의 문제에 직면했을 때에야, 자신에 대해 진정으로 알 수 있다는 말이 있다. 이 말은 적어도 나에게는 들어맞았다.

나는 33세가 되던 해, 혼자서 어린 두 아이를 키워야 했다. 당시 나는 비관적인 생각에 가득 차 있었고 긍정적인 생각을 찾아보려고 해도 찾을 수가 없었다. 그전까지 내 인생은 그런 대로 굴러가고 있었다. 정신없이 결혼이라는 것을 했으며, 아이도 생겨, 내 마음이 어떤지 생각해 볼 여력이 없었다.

사람은 모든 일이 원만하게 진행되고 있는 동안에는 삶을 즐기려고만 한다. 하지만 이 상태는 그리 오래 지속되지 않는다. 모든 것은 변하게 되어 있고, 때때로 우리가 원치 않는 방향으로 흘러가기도 한다. 내 결혼 생활도 그렇게 끝이 났다. 나는 두 아이를 데리고 브리스톨로 이사했다. 당시 나는 내 삶이 완전히 뒤집혔다고 생각했다. 이런 생각을 고치고 싶었지만, 당황스럽게도 어디서부터 시작해야 할지 알 수가 없었다. 이때가 내가 자기 변화를 시작한 진정한 탐구의 순간이었다. 자신을 구제해야 할 무엇인가를 해야 한다는 단순한 사실로 인해 자기 변화가 시작된 것이다! 모든 일이 절망스러웠던 당시, 나는 매일 술만 마시고 살았다. 그러다 우연히 루이스 헤이(Louise Hay)의 책 '있는 그대로의 나를 사랑하라(You Can Heal Your Life)'를 접하게 되었다.

25년 전, 자기 계발서 분야는 거의 태동기나 마찬가지였다. 나는 그렇게 초창기에 발표된 그 책을 읽고, 인생을 완전히 바꿔놓을 근본적인 두 가지 생각을 하게 되었다. 그리고 그 생각은 여전히 성공적인 자기 개발 프로그램의 핵심이라고 생각한다. 다음의 두 인용문은 '있는 그대로의 나를 사랑하라'에서 발췌한 구문이다.

근본적인 생각 1

생각을 선택하는 사람은 당신 자신이기 때문에, 당신만이 그 생각을 바꿀 수 있다.

'믿거나 말거나, 사람은 자신의 생각을 선택한다. 하지만 사람들은 습관적으로 반복해서 같은 생각을 하기 때문에, 자신이 생각을 선택했다고 믿지는 않는다. 그러나 사람들은 처음부터 자신의 생각을 선택했다. 따라서 자신의 선택으로 어떤 생각은 하지 않을 수도 있다. 자신을 얼마나 긍정적으로 생각하려 하지 않는지 곰곰이 생각해 보자. 그 사실을 깨달았다면, 자신을 부정적으로 생각하는 것을 거부할 수 있다.'

나는 그 전까지 이 같은 책을 읽어본 적이 없었다. 나는 이 책으로 새로운 인생을 시작할 수 있었다. 물론 현대인들은 인지행동요법(CBT)이나 긍정적 심리학, 신경언어학 프로그래밍(NLP) 등과 같은 복잡한 내용을 알고 있기 때문에 이 책이 독창적이지 않아 보일 수 있지만, 자기 변화는 언제나 매우 기본적인 내용에서부터 시작한다. 사람들은 진실이라고 믿는 내용을 자신이 선택하고 있다.

근본적인 생각 2

자존감의 결핍은 자신을 사랑하지 않는다는 또 다른 표현이다.

'고객들은 내게 찾아와 자신들이 얼마나 끔찍한지, 혹은 사랑할 수 없는 존재인지 설명을 늘어놓는다. 하지만 내 일은 그들이 자신을 사랑했던 때로 돌려놓는 것이다.'

꽤 오래전, 나 또한 분노와 죄책감, 자기혐오로 가득 차 있었다. 당시 나는 울면서 이 책을 읽었다. 그랬던 내가 사람들을 저마다 좋았던 순간으로 되돌리는 일을 하고 있다니 얼마나 놀라운가!

당신도 자기 개발적인 일을 하고, 그와 관련된 수많은 책을 읽고, 워크숍에도 참석하고 심리 치료도 받을 수 있다. 하지만 자기 변화의 과정은 점진적이기 때문에, 인내와 확신, 스태미나, 자기수용의 감정을 필요로 한다.

우리의 현재 상태를 인정할 수 있을 때에만(나쁜 점까지 모두) 변화를 시작할 수 있다는 것은 확실히 역설적인 일이다. 이는 자기 자신에게 친절한 행동을 멈추는 순간 빠져나오기 힘든 막다른 골목에 갇히게 되는 이유다.

> 자기 비난 → 자기 의심 → 무력감 →
> 변화 불가능 → 더욱 심한 자기 비난……

이 반복적이면서도 우울한 주기를 끊어내기 위해서는 자신을 감싸 안을 필요가 있다. 나도 가끔씩 이렇게 힘든 주기에 빠질 것 같은 느낌이 들 때면, 실제로 양팔로 나를 감싸 안고 토닥여준다. 이런 행동을 하면 불친절한 생각을 멈춰야 한다는 것을 상기시킬 뿐만 아니라 자신에게 일종의 경고도 하게 된다. 그렇지 않으면, 나 또한 커다란 문제에 빠지게 된다. 당신도 다음번에 자신을 비난하는 생각이 든다면 이 방법을 사용해 보는 것이 어떨까? 아주 가끔씩 이라도 이 방법을 시작한다면, 자존감을 낮추기만 했던 오랜 습관을 버릴 수 있을 것이다.

자신감을 위한 조언
부정적인 생각을 마주하자

부정적인 생각을 마주하자는 것은 그 말 그대로를 의미한다. 다시 말해, 부정적인 자기 신뢰(난 절대 할 수 없어, 완전히 절망적이야, 왜 난 ~처럼 잘할 수 없을까, 그렇게 하지 않았더라면……, 난 정말 어리석어.)의 순간을 알아차리려도 흔들려서는 안 된다는 것이다. 감정에 치우치지 않고, 자신의 생각을 마주해야 한다. 즉 자신에게 비통한 감정을 보인다거나 비난하지 않고, 객관적으로 부정성 자체를 인식하는 것이다. 자신을 인식한다는 것은 자기 변화를 위한 강력한 도구이며, 나쁜 정신적 습관을 자각한다는 것은 변화에 필요한 모든 것이다. 한편, 순간의 자기 인식 뒤에 곧바로 일종의 판단(너무 부정적이야, 또다시 자신을 낮추는 행동을 했어, 이 일을 멈춰야 해……)도 뒤따라온다는 것을 알아챈다면 놀랄지도 모른다. 이런 과정을 지나치게 마주하게 되면, 무심해지게 된다. 그렇지 않으면, 자신이 향하고 있는 곳을 볼 수 있게 된다. 예를 들어보자.

1. 사교적인 장소에서 공황 상태에 빠졌다는 것을 알아차린다.

2. 자신에게 지금 지나치게 부끄러워하고 있으며, 정신을 차려
야 한다고 말한다.
3. 이 상황을 마주한 후 아주 짧은 순간 선택을 내린다. 즉 자
신에게 더 화를 내거나(그리고 공황 상태로 빠지거나) 또는 객관
적으로 상황을 마주한다.

자신의 부정성을 마주하는 순간 공간과 자유가 생긴다. 자신의
생각과 느낌, 감정에 일절 반응하지 않는 것이다. 상황에 압도
당하는 대신에, 상황을 마주하면 자신에 대한 연민의 감정이
생길 수도 있다.

자신에 대해 믿는 것은 무엇인가?

생각은 현실로 나타나고, 자존감은 자기 신뢰의 감정에 따라 기복
을 겪는다. 따라서 자존감에 대해 논의할 때에는 자기 신뢰에 관한
평가를 포함시켜야 한다. 이제 그림 4를 살펴보자.
자기 신뢰는 자존감에 직접 영향을 미친다. 자기 신뢰의 감정이
강할수록 모든 난관을 헤쳐 나갈 수 있다는 자신감을 갖게 된다. 견
디지 못할 건 아무것도 없는 것처럼 느껴진다. 하지만 자신에 대한
낙관적인 생각이 사라지는 순간, 난관은 점점 더 크게 느껴지고 그
크기에 압도당해 아무것도 할 수가 없어진다. 하지만 우리는 자기

신뢰감을 바꿀 수 있다. 다행이지 않은가! 그러나 우리를 슬픔에 빠지게 할 수 있는 자기 신뢰를 바꾸기 전에, 정확하게 그것이 무엇인지 알아야 한다. 그것은 언제나 명확한 것이 아니기 때문이다. 우리는 자신을 폄하하기 때문에 자기 신뢰의 감정을 바꾸는 것을 실현하지 못하고 있다. 자신에 대해 진실이라고 믿고 있는 내용을 정확하게 보여주는 다음의 연습을 해보자.

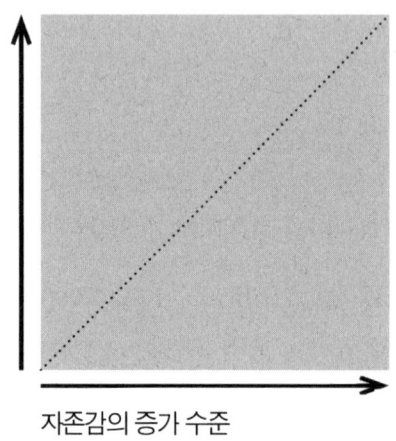

〈 그림 4. 자존감과 자기 신뢰의 관계 〉

연습하기

자기 이미지 설문조사

1단계 : 자신이 좋아하는 항목은 무엇인가? 자신을 어떻게 생각하는가? 자신의 장점과 단점은 무엇인가?
각 단어 앞에 '나는' 이라는 단어를 붙여보고 다음과 같이 점수를 매겨보자.

거의 그렇지 않다 0점, 때때로 그렇다 1점, 자주 그렇다 2점, 언제나 그렇다 3점

불안하다	일관적이다	창의적이다	공격적이다
직관적이다	수줍어한다	통제한다	열정적이다
죄책감이 있다	용서한다	의심한다	배려한다
긍정적이다	순종적이다	눈치가 있다	민감하다
행복하다	수동적이다	인내심이 있다	이해심이 있다
자발적이다	조직적이다	단호하다	어리석다
사려깊다	책임감이 있다	융통성이 있다	감정적이다
남을 잘 믿는다	신뢰할 수 있다	사교적이다	관심이 많다
겸손하다	친절하다	활동적이다	내성적이다
시끄럽다	진지하다	참여적이다	카리스마가 있다
무디다	다정하다	비참하다	의욕이 있다
두려워한다	의존적이다	온화하다	무력하다
다정하다	영리하다	적응력이 있다	개방적이다
도덕적이다	고압적이다	재미있다	관대하다
논리적이다	자의식이 강하다	긴장한다	영감을 받는다
낙관적이다	용감하다	중독적이다	둔감하다

2단계 : 어떤 항목에서 3점을 받았는가? 다시 말해, 어떤 항목을 언제나 그렇다고 생각하고 있는가?

나는 언제나 그러하다 :

....

....

이렇게 규정하는 특징은 자기 이미지의 일부다. 이 성격적 측면이 자존감에 어떤 영향을 미친다고 생각하는가?

....

....

예를 들어, 자신이 언제나 낙관적이라고 생각한다면, 이런 성격은 당신의 이미지를 강화하고, 당신 자신과 세상을 바라보는 시각에 긍정적인 영향을 미칠 것이다. 한편, 당신의 컵이 절반이 비어 있다고 생각하는 대신 반이나 채워져 있다고 생각한다면, 당신의 삶에 강력한 긍정적 에너지를 끌어당길 것이다. 많은 사람들이 당신의 매력에 반응하고, 당신이 맺고 있는 모든 관계는 극적으로 개선될 것이다. 반면에, 자신이 언제나 무력한 상태라고 생각한다면, 다른 사람들은 당신보다 앞서 나가게 되고 그 때문에 당신은 더욱 뒤처지게 될 것이다.

3점을 받은 항목을 다시 생각해 보고, 이 특징이 자존감에 어떤 역할을 하고 있는지 자문해 보자.

하지만 각 항목에 매긴 점수가 반드시 사실이라고 생각해서는 안 된다. 당신이 그렇다고 믿고 있기 때문이라는 사실을 기억해야 한다. 자기 믿음의 감정 중 하나로 인해 비참하다고 느낄지라도 당신은 그것을 바꿀 수 있는 힘이 있다. 그리고 생각을 바꾼다면, 그 즉시 감정과 행동에 영향을 미치게 된다. 위의 특징 중 어느 것을 바꾸고 싶은가?

....

....

3단계 : 0점을 받은 항목은 무엇인가? 단 한 번도 생각해 본 적이 없는 항목인가?

나는 거의 생각해 본 적이 없다 :

....

....

자기 이미지에는 이런 성격적 특성이 포함되지 않는다. 이런 성격이 결여됐다는 것은 자존감에 어떤 영향을 주는가?

....

....

예를 들어, 한 번도 긴장해 본 적이 없다면 이는 자존감을 높이는 데 영향을 미쳤을 것이다. 그러나 '단호하다.' 라는 항목에 0점을 줬다면, 긍정적인 행동의 실행력이 약화되어 있다는 것을 의미한다. 그리고 이 같은 특성은 자존감이 낮다는 감정을 낳게 된다.

이러한 특성 중 어느 항목을 바꾸고 싶은가?

....

....

4단계 : 당신을 가장 제대로 나타내는 형용사 여덟 개를 나열해 보자. 내가 앞서 제시한 단어를 사용하거나 혹은 자신만의 표현을 만들어도 좋다.

나는 :

....

당신을 가장 제대로 표현하는 형용사를 선택해 보자. 당신이 선택한 바로 그 단어는 당신이 가장 중요하게 생각하는 믿음이며, 그 표현을 중심으로 당신이 가지고 있는 이미지의 모든 측면을 수정하고 형성하며 창조할 수 있다. 그것은 당신이 자신을 바라보는 관점의 기저를 이루고 있기 때문이다.

내가 ~라는 것은 나의 핵심 믿음이다 :

....

....

이 명제는 당신을 비난하고 있는가 아니면 인정하고 있는가이다. 그리고 이 표현은 당신의 자존감을 높이는가 아니면 낮추는가? 핵심적인 자기 신뢰가 부정적이더라도 절망할 필요는 없다.(거의 모든 사람이 그러하다.) 당신이 자신을 고의적으로 방해하는 방법을 알고 있다면, 근본적이면서도 긍정적인 방향으로 변화를 시작할 수 있으며, 이는 좋은 조짐이다!

5단계 : 이제 당신의 긍정적인 자질을 적어보자.

나의 긍정적인 자질은,

....

....

지금 당장은 자기 이미지가 부정적일지라도, 자신에 대해 좋아하는 점 한두 가지는 있을 것이다. 시간을 갖고 생각해 보자.

힌트 하나를 주겠다. 자신이 할 수 없는 것보다 할 수 있는 것에 초점을 맞춰보자. 변화할 수 있는 결단력과 이를 할 수 있다는 믿음 같은 내면의 장점을 생각해 보자. 친한 친구에게 자신의 장점이 무엇인지 물어볼 수도 있다.

　이제 당신의 뛰어난 자질을 자부심이나 자존감 같은 감정으로 어떻게 꾸밀 수 있을까? 하지만 여전히 자신을 존중하는 것이 어렵다면, 이로 인한 불가피한 결과를 생각해 보자. 당신의 높은 자존감에 대한 장애물은 바로 그 안에 있을 것이다. 당신이 가지고 있는 최고의 자산, 즉 기적과도 같은 자아를 왜 극대화시키지 않는가!

6단계 : 마지막으로, 자기 이미지에서 더욱 강화하고 싶은 특징이 있다면 목록을 작성해 보자. 그리고 상상하고 열망하는 모습으로 밀고 나가보자. 자신이 흥미를 느끼는 새로운 가능성을 시각화할수록, 현실이 될 가능성은 더욱 커질 것이다.

나는 이렇게 되고 싶다.

···

···

인생을 프로그램하는 방법

　지금까지 당신은 이 모든 믿음이 어디에서 오는지 자문했을 것이다. 자존감을 앗아가는 자아 개념의 본질을 탐구하고 발견하기 시작하면서, 자존감이 낮아지는 이유가 자연스럽게 궁금해질 수도 있을 것이다. 친절하며, 호기심도 많고, 남을 믿을 줄 알았던 소녀가 어떻게 자신을 하찮게 여기는 사람이 됐을까?

어떤 판단도 하지 않고, 남과 비교하지도 않으며, 자신을 비판하지 않는 깨끗한 본연의 자신으로 돌아가 보자. 모든 가능성의 문은 활짝 열려 있다. 당신이 속한 곳은 미지의 세계이며, 당신에 대해 증명된 것은 아무것도 없다. 아이 같은 당신의 모습을 사진 찍는다면, 선천적인 박애정신과 고유의 가치를 볼 수 있을 것이다. 당신은 진정으로 멋있었고, 여전히 그대로이다.

당신은 인격의 형성기를 거치는 동안 타인을 모방함으로써 자신과 세계를 익혔다. 즉 성장하면서 할 수 있는 모든 것을 흡수했다. 당신의 열정과 탐구 정신은 당신이 지나가는 길 위의 모든 것을 빨아들이는 스펀지 같았다.

인생의 초년기에는 자신의 판단과 추론 감각에 의존할 수 없었다. 우리의 무의식적인 정신은 자신이 속한 환경으로부터 전달받은 모든 메시지를 바쁘게 수용했다. 그 내용이 행복한 것이든 혹은 무서운 것이든, 긍정적 또는 부정적인 것이든, 지지하는 내용이든 비판하는 내용이든 상관없이 말이다. 그리고 부모의 기본적인 생각 및 감정, 행동의 패턴을 깊이 받아들이며 성장한다.

우리는 이런 모든 메시지를 내면화하기 때문에, 스스로 메시지를 받아들이고, 특정한 방법으로 느끼고 생각하며 행동할 수 있도록 무의식적으로 프로그램한다. 개인적인 성장은 이런 과정을 통해 시작한다. 즉 경험은 개인의 고유한 패턴의 특성에 따른다. 컴퓨터 전문용어로 입력과 출력의 관계를 '기고(GIGO)'라고 표현한다. 즉 '쓰레기가 들어가면 쓰레기가 나온다.'는 의미다. 만약 우리의 믿음(정신에 집어넣는 내용)이 부정적이고 비관적이라면, 부정적이고 비관적인 결과(우리가 삶을 경험하는 방법)가 나올 것이다. 하지만 다행스러운 것은, 반대의 논리도 적용된다. 우리의 믿음이 긍정적이고 낙관적일 때, 우리의 생각과 감정, 행동은 이를 반영한다. 즉 창의성이 들어가면, 창의성이 나온다.

개인적인 프로그램 결과를 완전히 이해한다면, 자기 변화를 위한 가장 놀라운 도구를 갖게 되는 것이다. 우리의 믿음은 고정된 것이 아니라, 프로그램을 통해 변화시킬 수 있다.

통찰력
자신감을 끌어올릴 수 있다

당신이라는 존재는 당신이 믿는 모든 것이며, 당신이 기대하는 대로 경험이 따라오게 된다. 즉 당신의 생각과 감정, 행동이 긍정성을 '끌어올' 수 있다는 것을 의미한다. 자신감이라는 옷을 입어보자.

- 활기와 희망으로 넘쳤던 지난 시간을 회상해 보자. 행복했던 순간을 기억하는 것이 어렵다면, 필요한 만큼 과거를 거슬러 가보자.
- 그 상황을 다시 체험하고, 세부적인 내용을 바라보고, 긍정적인 기분도 느끼며, 자신감을 가지고 다시 한 번 시작해 보자.
- 다시 한 번 긍정의 힘을 끌어내 보다 밝아진 자신을 느껴보자.

• 당신의 의지대로 긍정적인 생동감을 만들어낼 수 있을 때까지, 이 과정을 계속해서 반복해 보자.

높은 자존감은 대단한 성공이나 개인적인 재능에 좌우되지 않는다. 당신의 인생에서 어떤 일이 벌어지든 충분히 가질 수 있는 힘이다. 다음번에 정신적인 에너지가 소진됐다고 느껴지면, 새로운 기분을 가져보자. 이 연습은 자주 해볼수록 쉬워질 것이다. 자존감을 높이는 것은 순전히 생각에 달려있다.

생각해 볼 내용 : *자신의 긍정적 에너지는 타인의 부정적 에너지에 의해 영향을 받는다. 어떤 사람들은 에너지 뱀파이어처럼 행동한다.*

【 사례 연구 】

35세의 미란다(Miranda)는 대형 국제 로펌에서 일하고 있다. 미란다는 화려한 직업 덕분에 전 세계를 누비면서 수많은 사람들을 만난다. 그러나 그녀는 "나는 실패한 인생이고, 모든 에너지가 소진됐으며, 자신에 대해 아무것도 확신할 수 없다. 열정도 사라졌고 자신도 믿을 수 없게 됐다."고 토로했다. 한마디로 표현하자면, 미란다는 상당히 높은 자신감을 가지고 몇 년간을 승승장구하며 보냈지만, 갑자기 감정적인 정체 상태를 맞게 된 것이다.

미란다는 6년 동안 리처드(Richard)와 자신의 아파트에서 동거했다. 리처드는 영국의 왕립연극학교 라다(RADA) 출신이지만, 한 번도 연극계에 발을 담근 적이 없었다. 그는 단지 임시직과 웨이터 일을 전전했으며, 점점 실의에 빠져 생활했다. 미란다는 리처드에게 모든 것을 지원했다.

"그를 위해 집을 내어줬고, 그에게 모든 것을 맞춰줬다."고 그녀는 말했다. 미란다는 자신들의 관계에 대해 말하기를 주저했다. 그에 대해 말한다는 것 자체가 죄책감을 불러일으켰기 때문이다. 그녀는 한 발 먼저 리처드의 기분을 맞춰주기 위해 노력했지만, 그런 행동 자체가 점점 더 힘들어지고 있다고 말했다. 미란다가 직장에서 성공을 거두고 해외로 자주 출장을 나갈수록, 리처드가 힘들어하고 짜증을 내는 횟수가 늘어났기 때문에, 그녀는 리처드로부터 자유로울 수 없다고 고백했다. 미란다가 말한 것처럼, 리처드가 그녀의 에너지를 '뽑아 먹고' 있기 때문에, 그녀는 긍정적일 수도, 쾌활하게 행동할 수도 없었다.

나는 한 사람이 다른 사람의 긍정적 에너지를 효과적으로 방해할 때 이보다 적절하게 표현할 수 있는 단어가 없다고 생각한다.

당신도 당신의 도움이나 격려가 오히려 부정적인 마음을 부채질하는 상황에 처해 있을 수도 있다.

오랜 시간이 걸렸지만 미란다는 마침내 리처드와 헤어졌다. 우리는 여러 주 동안 그녀가 리처드에게 느끼고 있는 죄책감에 대해 대화를 나눴다. 그녀는 이 난관을 헤쳐 나갈 수 있는 것이 얼마나 '다행인지' 이야기를 하기 시작해고, 리처드와 헤어지는 것이 어려웠다고 허심탄회하게 말하기 시작했다. 리처드는 자신에게는 매정하게 대했던 이 세상이 미란다에게는 행운만을 가져다준다고 불만을 말하곤 했었다고 한다. 미란다는 리처드가 자신에게 금전적으로 의존하고 있을 뿐만 아니라, 자신을 부당하게 대하고 있다는 것을 깨닫기 시작했다. 그렇게 둘의 관계는 끝이 났다. 미란다는 리처드와 헤어지면서 그동안 끈질기게 따라다녔던 부정적인 마음을 벗어던지고 자신감과 자존심을 되찾을 수 있었다.

자신감이 낮을 때에는 다른 사람들이 자신에게 나쁘게 대해도 내버려두는 경향이 있다. 하지만 자아 존중감이 높아진다면, 다른 사람들도 자신을 존중하고 있다는 것을 알 수 있을 것이다.

긍정적인 생각은 부정적인 생각보다 크다

알 코란(Al Koran)은 유명한 마술사이자 유심론자(유심론은 우주의 본체를 정신적인 것으로 보며, 물질적 현상도 정신적인 것의 발현이라는 이론이다.)이며, 작가 겸 발명가다.

유심론자는 정신적 또는 직관적 능력을 상당히 발휘하는 사람들에게 붙여지는 명칭이다.

코란은 에드 설리번(Ed Sullivan)이 진행하는 쇼에 여러 번 출연했으며, 1971년 '브링 아웃 더 매직 인 유어 마인드(Bring Out the

Magic in Your Mind)' 라는 제목의 책을 발표하기도 했다.

도서관에서 처음 이 책을 발견했던 날을 아직도 기억한다.

나는 이 책을 처음 읽고 머릿속이 맑아지는 기분이 들었다. 그리고 이 책을 서점에서 구입까지 해가면서 여러 번 반복해서 읽었다. 나중에 보니 책의 모서리란 모서리는 거의 접혀 있었다. 코란의 책에는 이런 구절이 있다.

"사람이 살고 있는 이 세상에서 생각이라는 것을 발산할 때, 생각은 파동을 이루게 된다. 그리고 긍정적인 생각은 점점 더 커지게 되고 빠른 속도로 날아가 더 큰 진동을 이룬다."

그는 긍정의 믿음이라는 힘을 설명하기 위해 이렇게 뛰어난 비유를 사용했다.

연못에 조약돌을 하나 던졌다고 상상해 보자. 그러면 잔물결이 점점 큰 원을 그리며 퍼져나가게 된다. 그렇다면, 이제 두 개의 돌을 각기 다른 방향으로 동시에 던진다고 생각해 보자. 각기 다른 무게와 크기를 가진 두 개의 돌은 저마다의 파문을 그리다 한 지점에서 만나게 될 것이다. 이렇게 두 개의 파문이 만나는 지점에서는 하나의 파문이 또 다른 파문을 누르게 된다. 그러다가, 보다 큰 돌을 던지면 기존의 작은 파문들은 사라지게 된다.

생각의 크기가 클수록(긍정적인 생각) 보다 강력한 힘을 발휘해 작은 생각(부정적인 생각)을 압도하게 된다. 긍정적인 생각은 언제나 강력한 영향을 미치기 때문에 커다란 돌과 같다. 긍정적인 믿음은 무엇보다도 가장 강력한 마법이다.

연습하기

가장 큰 생각을 시각화하기

(나의 책 '지금 바로 행동으로!' 에서 일부 발췌했다.)

우리가 그리는 생각의 그림을 펼쳐보자. 당신의 생각 그 자체가 타당성을 가지고 있다면, 성공을 이루고 행복을 느끼는 자신을 '볼 수 있을 것이다.' 따라서 생각을 바꿀 수 있는 미세한 방법은 마음의 눈으로 상상하는 모습까지도 바꿀 수 있다. 무의식을 파고들려고 하기보다는, 우리를 가로막고 있는 부정적인 이미지를 찾아보자. 그리고 여기에서부터 상황을 앞서서 생각하고 긍정적인 이미지를 시각화해 보자.

당신도 자신이나 타인, 당신을 둘러싼 세계의 부정성으로 고통받고 있는 자신을 발견할 때마다 시각화 방법을 사용할 수 있다. 이미지를 '볼' 수 없다고 해도 걱정할 필요는 없다. 이미지가 있다는 것을 '알고' 있기 때문에 효과가 나타날 수 있다. 긴장을 풀고 자세히 들여다본다면, 버스에 타고 있을 때나 회의에 참석하고 있을 때에도. 심지어 마트에서 장을 보고 있을 때나 다른 사람들과 어울리고 있을 때 긍정적인 생각이 필요하다면, 아주 쉽게 시각화 방법을 사용할 수 있다.

태양이 아름다운 창공 위에서 빛나고 있으며, 햇빛이 작고 둥근 연못을 비추고 있다. 연못 가장자리에는 부들풀이 자라고 있고, 수면 위에는 잠자리 떼가 무리지어 있어 마치 보석처럼 보인다. 근처에서는 개구리가 개골거리며 울고 새가 지저귀고 있다. 동작과 소리도 들어 있는 생생하고 다채로운 장면을 상상해 보자. 모든 세부적인 장면을 사용해 마음에 풍경을 만들어보자. 그러면 언제 어느 때에든 즉시 원하는 모습으로 창조해낼 수 있을 것이다.

연못가에 서 있는 자신을 떠올려보자. 당신은 멋져 보이고 자신감이 충만하다. 이제 몸을 구부려 갈색의 부드러운 조약돌 두 개를 골라보자. 둘 중 한 조약돌이 좀 더 크다. 양 손에 조약돌을 하나씩 쥐고 서로 다른 무게를 느껴보자. 이제 두 조약돌을 연못의 다른 곳으로 던져보자. 당신은 무거운 조약돌이 만들어낸 파문이 가벼운 돌이 만들어내는 작은 파문을 일그러뜨리는 모습을 보고 있다. 이처럼, 긍정적인 생각은 작고 제한적인 부정적인 생각을 충분히 이길 수 있을 만큼 크다.

이런 시각화 활동을 끝낸 후에는 보다 큰 조약돌을 던지고 있는 단계에 도달할 수 있다. 이런 행동은 보다 크고 긍정적인 생각만을 하고 있는 당신의 소망을 상징한다. 당신의 가장 큰 생각이 정확히 무엇인지 걱정할 필요는 없다. 보다 커다란 파도를 만들겠다는 생각만으로도 충분하다.

나는 이 시각화 방법을 자주 사용한다. 긍정적인 에너지가 필요할 때마다, 연못에 크고 부드러운 조약돌을 던지는 상상을 하며 가장 커다란 생각(현실로 이루고 싶은 것)을 선택하는 방법을 알고 있다. 당신도 에너지를 높일 필요가 있을 때 시간도 얼마 걸리지 않는 이 방법을 사용해 보길 권하고 싶다. 자신과 타인에 대한 커다란 생각, 즉 긍정적인 생각을 가질 수 있을 때, 당신의 앞날은 보다 밝고 자신감도 자라기 시작할 것이다.

2일차 | 검토하기

2일차 핵심 생각

- 부정적인 믿음이 굳어지는 것을 막을 수 있다.
- 지금 자신의 모습(인간이기 때문에 불완전한 존재)을 받아들일수 있을 때에만 바뀔 수 있다.
- 부정적인 생각을 하고 있는 당신의 모습을 직시함으로써(어떤 판단도 내리지 않은 상태에서), 부정적인 생각에서 해방되고 자신에게 친절해질 수 있다.
- 당신이 낙관적인 사람이라면 강력한 긍정적인 에너지를 끌어올 수 있으며, 다른 사람들도 당신의 매력에 반응하여 대인관계가 극적으로 개선될 것이다.
- 대부분의 사람들은 부정적인 믿음을 가지고 있지만, 이 상황을 바꿀 수 있는 힘도 가지고 있다. 자신을 방해하고 있는 방법을 알고 있다면, 이 같은 행동을 즉시 멈출 수 있다.
- 높은 자존감을 방해하는 요소는 그 안에 들어 있다. 당신은 자신의 최고 자산을 극대화할 수 있다. 당신은 기적적인 사람이기 때문이다.
- 긍정적인 시각화 기법을 사용하여 자신감에 찬 새로운 당신으로 **빠르게** 변할 수 있다.
- 형성기에는 타인을 모방하는 방법을 사용해 자신과 세계를 느끼는 방법을 익히게 된다.
- 자신의 개인적인 프로그램의 결과를 이해하기 시작한다면, 습

관적인 자기 패배적인 패턴에서 탈피할 수 있다.

- 높은 자존감은 성공에 의존하지 않는다. 인생에서 일어나는 모든 일들을 경험하는 것이다.
- 당신의 긍정적이고 선한 의도를 빨아 먹는 에너지 뱀파이어가 있다.
- 더욱 크고 더욱 긍정적인 생각은 작고 부정적인 생각을 언제나 이긴다.

2일차에 지켜야 할 3가지 행동 수칙

1. 오늘의 생각을 기록해 보자.
   예 : 다른 사람이 나의 긍정적 에너지를 빨아먹는 것을 내버려 뒀다. 그 후, 나는 자존감이 낮아졌다는 것을 느꼈으며 자신에 대해 확신할 수 없어졌다.

2. 이러한 생각 이면의 패턴(생각/감정/행동)을 생각해 보자.
   예 : 나는 다른 사람들이 기운이 없어 보이면 죄책감을 느끼곤 한다. 그리고 누군가가 고생하고 있는 것을 보면, 긍정적이고 행복한 기분을 유지하기 어렵다.

3. 반응을 바꿀 수 있는 행동 방침을 세워보자.
   예 : 나는 어느 누구의 기분도 바꿀 수 없다는 사실을 기억해야 한다. 각자 자기 자신을 책임을 져야 한다. 긍정적인 생각을

유지하기 위해서는 친절하고 자애로워져야 한다.

이 3가지 행동 수칙을 시작해 보자.

나만의 개인적인 견해 :

....

....

견해 이면에 있는 패턴 :

....

....

나의 행동 방침 :

....

....

행동 방침을 실천하고, 매일 일기에 조금씩 개선된 사항을 기록해 보자.

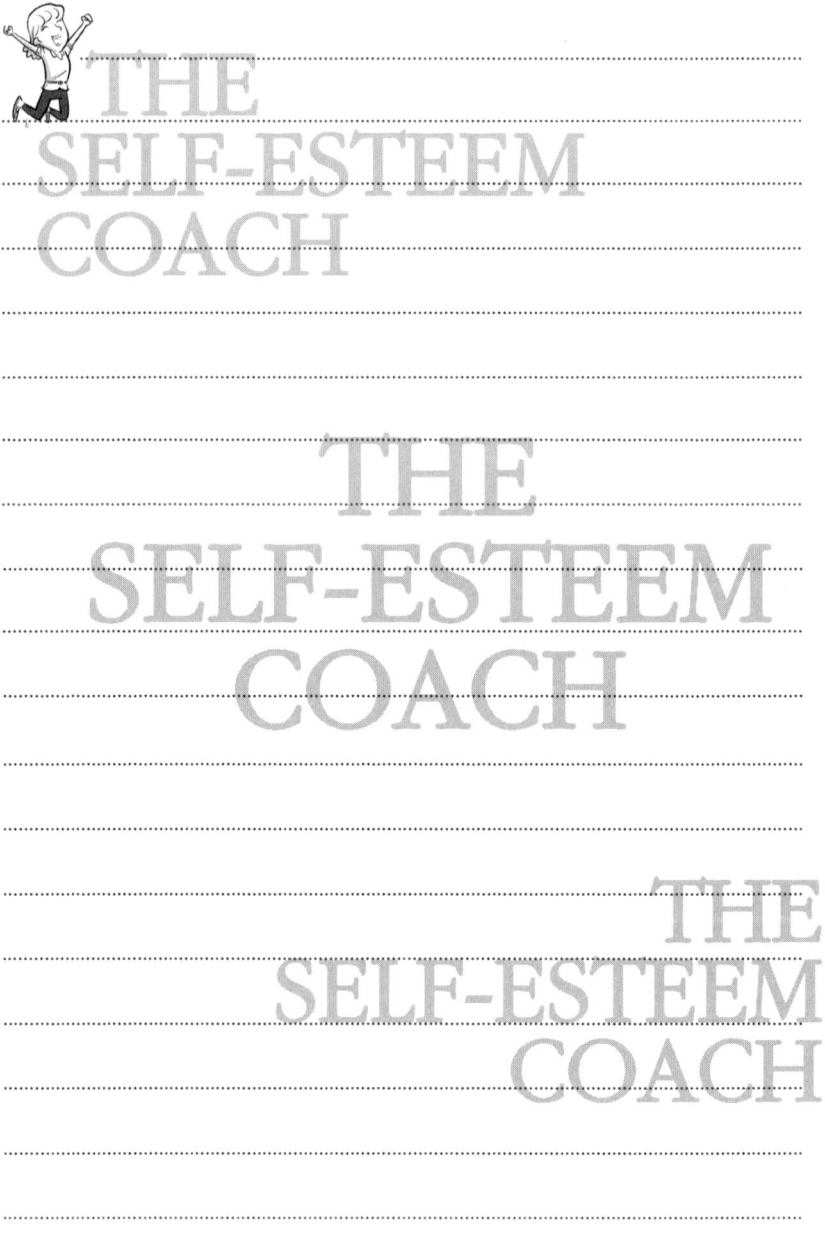

3일

핵심감정 발견하기

내 아들들이 다른 사람의 감정과 그들의 불안함,
고통, 희망과 꿈을 이해하는 사람으로 성장하기
를 바란다.

- 다이애나(Diana, 웨일스의 공주)

3일 | 핵심감정 발견하기

자신의 감정적 능력을 다룰 수 없고, 자신을 제대로 인식하지 못하며, 고통스러운 감정을 다룰 수 없다면, 그리고 타인을 공감하지 못하고 효과적인 관계를 구축하지 못한다면, 당신이 아무리 똑똑할지라도 크게 성공할 수 없을 것이다.

— 다니엘 골먼(Daniel Goleman, 심리학자)

다니엘 골먼은 '감정적 능력'이라는 용어를 언급하면서, 자신의 감정을 살필 수 있는 흥미로운 방법과 감정에 휘둘리지 않는 힘이 있는 감각을 제시했다.

인지행동요법(CBT) 모델은 생각과 감정, 행동이 상관관계에 놓여 있다는 내용을 설명하고 있으며, 세 가지 요소 중 어느 한 가지에라도 변화가 생기면 다른 두 가지에 직접적으로 영향을 미친다는 사실을 우리는 알고 있다.

2일째, 우리는 생각의 본질과 생각이 결과적으로 우리의 기분과 세상에 영향을 미치는 방법에 대해 살펴보았다.

오늘은 감정과 감정적 능력을 개발 및 개선할 수 있는 방법이라는 민감한 주제를 살펴보고, 그것을 통해 자신감을 끌어올리고 생활의 균형을 이룰 수 있다는 사실을 다룰 것이다.

우리는 매력적인 사람이 되기 위해 상당한 시간과 돈을 투자하고 있다. 거울을 들여다보면서 몸을 치장하기 위해 필요한 것이 무엇인지 생각하고, 잘못된 것이 없는지 살펴보기도 한다. 그러나 감정적인 몸은 어떻게 살피고 있는가? 감정을 위해서는 어떤 관심을 기울이고 있는가?

행복에 취해 기쁨에 가득 찬 적이 있는가? 친구가 실의에 빠져 있으면 같이 슬픔을 느끼고 있는가? 비통한 뉴스를 보면 분노가 차오르는가? 슬픈 영화를 보고 울어본 적이 있는가? 물론 한 번쯤은 경험이 있을 것이다. 그런 감정의 상태는 인간이라면 누구나 가질 수 있는 자연스러운 표현이며, 육체처럼 사람을 구성하고 있는 일부다. 그러나 사람들은 육체가 필요로 하는 것에는 상당히 신경을 쓰고 있지만, 그에 반해 감정은 중요하게 생각하지 않고 있다. 하지만 감정적 욕구를 적절하게 돌보지 않는다면, 결국 불행하다는 생각이 들게 되고 자존감도 낮아질 것이다. 자신의 감정 기복을 느낀다면 매 순간 변하는 감정 상태에 놀라다가, 이처럼 예측할 수 없는 감정을 적절하게 돌볼 수 있는 방법은 없는지 궁금해질 것이다. 감정은 순식간에 변한다. 그러나 감정을 느끼는 방법을 이해하고 존중한다면, 자신감을 가지고 생활을 통제할 수 있을 것이다.

어떻게 느끼는가?

당신은 감정적인 인간인가, 아니면 감정을 드러내지 않는 인간인가? 어떤 사람들은 감정 상태에 따라 민감하게 반응한다. 이런 유형의 사람들은 자신의 감정을 이해하고 있으며 타인의 감정에도 민감하게 반응한다. 당신이 이런 유형이라면, 감정을 다룬다는 것이 어려운 일이라는 것을 알 것이다. 자신의 감정이든 다른 사람의 감정이든, 감정에 빠져 있는 것이 더 쉬울 것이다. 하지만 감정에 압도된다면, 생각과 행동은 즉시 영향을 받게 되며 전체적인 경험도 제약을 받게 된다. 당황스러웠던 경험을 생각해 보자.

- 어떤 정신적 반응이 나타났는가?
- 신체적인 감각을 경험했는가?
- 어떻게 행동했는가?

감정이 가는 대로 느끼다 보면 혼란 상태로 빠지게 된다. 판단은 흐릿해지고('지금 올바른 판단을 내리고 있는 것일까?'), 신체적인 증상이 나타날 수도 있다.(불안, 공포심, 긴장성 두통.) 그리고 원하는 대로 행동하지 못할 수도 있다.('아니오.'라고 말하고 싶지만 '예.'라고 말하거나 계획한 대로 진행하는 것이 두려울 수도 있다.) 감정이 한꺼번에 덮치면 이성적으로 반응하는 것이 어려워진다.

이와는 반대로, 감정적인 상태에 매우 둔감한 사람이 있다. 이런 유형의 사람을 알고 있는가? 이런 사람들은 인생에서 맞닥뜨릴 수 있는 여러 감정적 상황에 영향을 받지 않는 것처럼 보인다. 감정을 합리적으로 운영할 수 있는 이런 능력은 감정을 희생해서 얻은 능력이 아니라 천성이다. '초냉담 혹은 슈퍼쿨(supercool)'이라는 말은 '극도로 둔감하다.'는 것을 의미하는 것일 수도 있다. 자신의 감정에 민감하게 대응하지 않는다는 것은 다른 사람의 감정도 잘 알지 못한다는 것이다. 그리고 자신의 감정을 거부한다면, 경험도 제약을 받게 된다. 어떤 이유로 인해 극도로 고통스러웠던 경험을 생각해 보자.

- 어떤 생각이 들었는가?
- 어떤 신체적 반응이 나타났는가?
- 어떻게 행동했는가?

극도로 합리적이거나 극도로 냉정하다면, 그로 인해 치러야 할 대가는 높다. 다시 말해, 창의적이며 타당하고 고유한 경험은 사라지고, 자존감을 대가로 치러야 할 것이다. 사람은 합리성과 감정의 균형을 이룰 때에만 자신감과 자존심을 개발할 수 있다. 다시 말해, 두 가지 특성 모두 필요하다는 의미다. 감정적 인식이란 사람의 본성에서 상상력과 창의성을 개발할 수 있는 자질이기 때문에, 그것을 민감하게 만드는 것은 매우 중요하다. 한편, 창의성을 표현하기 위해서는 논리성 및 합리적인 능력을 발휘할 수 있어야 한다.

감정 표현을 거부하고 상상력과 창의성을 인식하지 않을 때 초합리성이 발현될 수 있다. 보통, 내면 깊이 감정 표현을 두려워하는 마음을 가지고 있다면 이런 거부 반응이 나타난다. 사람들은 자신의 감정에 압도되어 통제 능력을 잃을까 두려워한다. 감정 표현을 거부할 때 극도의 정서적인 상태를 개발할 수 있다고 한다면 이상하게 들리겠지만, 일부는 사실이다. 하지만 제때에 감정을 표현하는 것이 두려워 미처 표현하지 못한 감정이 쌓여 있으면 지나치게 과민해지게 된다.

자신감을 위한 조언
자신의 감정을 사랑해야 한다

- 잠시 시간을 갖고, 자신이 어디에서 왔는지, 그리고 현재 상태는 어떠한지 생각해 보자.
- 눈을 감고, 현재의 감정 상태를 생각해 보자.
- 어떠한 판단도 하지 않고 자신이 느끼는 방법을 알아보자. 그리고 그대로 두자.
- 당신이 현재의 감정을 표현하고 있다는 것을 받아들일 수 있는가?
- 그런 감정 상태에 매달리지 않고, 밀어내지도 않으면서 평정심을 갖고 대해 보자.
- 어떤 노력도 하지 말자. 그저 긴장을 풀고 감정이 솟아오르게 두자.
- 이 감정을 당신 주변에서 떠다니는 아름다운 색의 거품으로 시각화한 후 멀리 떠내려 보내자. 이것은 감정이 움직이는 방식이다. 감정은 왔다가 사라진다.
- 어떤 감정 상태를 가지고 있든, 자신의 상태에 친절과 열정을 가지고 접근해 보자. 그것은 당신이 어떤 감정을 느끼고 있더라도, 자신에게 마음을 열어 보이는 방법이다.
- 그 감정을 허용하고 열린 마음으로 대하다 보면, 여유 있고 자신감 있는 접근법이 모든 관계에 어떻게 영향을 미치고 있는지 알 수 있을 것이다.

마음 깊이 들어 있는 감정

자존감이 높을 때의 감정과 자존감이 낮을 때의 감정은 다르다.
자존감이 낮을 때에는 다음과 같은 감정을 느끼게 된다.

불안정하다	긴장된다	사교성이 떨어진다	우울하다

피해를 당한 기분이 든다	죄책감이 든다	걱정된다	비판적이다

스트레스를 받는다	자신의 감정이 두렵다

연습하기

자신의 핵심 감정을 발견하기

위에 열거한 항목을 보고 자존감이 낮아졌을 때 느끼는 세 가지
감정 상태를 선택해 보자.
한 번에 하나의 느낌을 선택해 그와 관련된 다른 감정을 적어
보자.
그리고 선택한 감정 상태를 느껴보자. 그 감정 상태를 느끼면 그
이면의 감정이 나타나게 될 것이다.

예 :

관련된 감정 :

죄책감

자신에게 화가 난다
타인에게 화가 난다
억울함
발견되는 것의 두려움

1.

관련된 감정 :

2.

관련된 감정 :

3.

관련된 감정 :

다시 떠오르는 감정이 있는가? 있다면, 어떤 감정인가?

....

....

....

이렇게 다시 떠오르는 감정을 핵심 감정이라고 부르며, 이 감정들은 당신이 생각하는 것보다 더욱 이면에 들어 있는 깊은 감정이다.

위에서 제시한 사례를 보면, 나의 경우는 분노나 두려움, 억울함 같은 감정을 인식하는 것보다, 어떤 대상에 대한 죄책감을 쉽게 느끼는 편이다. 이 연습을 하는 동안, 분노나 두려움, 억울함이 계속해서 나타난다면, 반복되는 이 느낌은 나의 핵심 감정 중 하나라는 사실을 알게 될 것이다. 우리의 핵심 감정은 보통 인정하기 어렵다. 당신도 핵심 감정을 받아들이기 어렵다는 사실을 알아챘는가?

그러나 두 가지 좋은 소식이 있다. 사람들 모두 '받아들일 수 없는' 감정과 싸우고 있기 때문에, 이는 당신 혼자만의 문제가 아니다. 그리고 이 어려움을 해결할 수 있는 창의적인 솔루션이 있다. 후기인상주의 화가 폴 세잔(Paul Cezanne)은 '천재는 매일 자신의 감정을 새롭게 만드는 능력을 가진 사람'이라고 말한 적이 있다. 다른 말로 설명하자면, 가장 혁신적인 반응은 매 순간마다 새로워질 수 있으며, 혁신적인 반응을 표현하는 것은 기존의 오래된 반응 패턴을 사용하기보다는 우리가 느끼는 것을 정확하게 인정하고 표현할 수 있는 능력에 달려있다. 자존감이 높을 때에는 감정을 존중하고 적절하게 소통할 수 있다. 이 방법을 사용하면 자신의 감정을 지배하려 들지 않는다. 그리고 감정을 받아들일 수 있을 때, 극단적으로 합리적이거나 극단적으로 감정적인 행동에 사로잡히지 않게 된다. 건강하고 균형 잡힌 감정적 생활을 위해서는 다음의 3단계를 따라야 한다.

1단계 : 감정 경험하기
2단계 : 감정 인식하고 받아들이기
3단계 : 감정을 표현하고 흘러가도록 두기

이 과정을 거치지 않는다면, 차단되고 표현되지 않은 감정이 쌓여만 갈 것이다. 그리고 오랫동안 감정을 억누르고 산다면, 자신의 감정이 어떤 상태인지 알 수 없다. 새로운 감정은 감정적 혼란 속에서 사라지고 결국 표현되지 못한 감정만 남아 있게 된다.

나는 고객들에게 영향을 받았던 대상에 어떤 감정을 가지고 있는지 여러 차례 물어본 적이 있다. 그러나 그들은 알지 못하겠다고 답했다. 이런 경우, 코칭 프로세스는 감정의 본질이라는 실타래를 명확하게 하기 위해 엉켜 있는 감정을 풀어내는 일련의 과정을 시도하게 된다.

사소한 사건 때문에 완전히 과민반응을 했던 상황을 떠올려보자. 매우 슬픈 일이 생겨 비통함에 잠겼던 적도 있었을 것이다. 사소하지만 짜증을 유발하는 사건 때문에 엄청난 분노에 휩싸였던 때도 있을 것이다. 사람이 감정을 차단하게 되면, 감정을 발산하지 못하게 된다. 하지만 무엇보다도 먼저 감정의 존재를 인정하기 전까지는 어떤 감정이든 발산하지 못한다. 그리고 이렇게 감정을 차단하게 되면 내면에 쌓이게 된다. 즉 자신이 받아들이지 않은 이런 감정들이 내면에 숨어 있는 것이다. 그리고 이런 비밀스런 감정을 묻어두다 보면, 그 존재를 더 이상 인지하지 못하는 상태가 된다.

우리의 비밀스런 감정은(타인으로부터도 숨겨져 있지만 우리 자신으로부터도 감춰져 있는) 정신과 신체, 영혼과 감정의 불균형으로 이어지게 된다. 그리고 그런 억압된 감정은 우리의 관심을 끌어내기 위해 기다리고 있다. 그러다 좋지 못한 상황에 갑자기 튀어나올 수도 있고, 잠을 자다가도 나타난다. 심지어 이렇게 내재된 감정으로 인해 병에 걸리기도 한다. 하지만 한 가지 확실한 것은 내면에 감정이 숨어 있다면 자존감이 낮은 상태라는 것이다.

진정한 감정을 차단한 채 살아간다면, 자신을 존중할 수 없게 된다. 감정은 욕구와 직접적으로 관련이 있기 때문이다. 가령, 기분이 좋다면 욕구가 충족되고 있는 것이며, 기분이 나쁘다면 욕구가 충족되지 않고 있다는 것을 뜻한다. 자신의 감정을 차단한다는 것은 실제로는 욕구를 차단하고 있는 것이다. 우리는 자신과 세계를 표현하려 하지만, 정작 자신의 욕구는 중요하게 여기지 않기 때문에 자존감은 언제나 바닥에 있게 된다!

이제 우리는 새롭고, 자신감에 차 있으며, 단호한 자신으로 나아갈 수 있는 문의 열쇠를 찾은 셈이다. 자존감이 낮다면, 자신의 욕구가 충족되고 있는지 자문해야 한다. 욕구가 충족되고 있지 않다면, 왜 안 되겠는가? 엉켜 있는 매듭을 풀고 정확히 해야 하겠지만, 이것은 생각보다 쉽다. 그러나 이 과정을 살펴보기 전에, 긍정적인 감정을 자신에게 불어넣어 에너지를 북돋워야 한다.

긍정적인 감정의 특징

관심을 두고 있는 일이 무엇이든, 그 관심은 점점 높아질 것이다. 까다로운 문제를 예의 주시하고 있다면, 당신이 생각하고 있는 것은 모두 그 문제가 될 것이다. 당신을 억누르는 근원이 무엇인지 살펴보고 그 정체를 확인하여 수용하며 해소할 필요가 있지만, 그 근원을 자연스러운 긍정적인 에너지와 균형을 이루는 것이 더욱 중요하다.

기막히게 멋진 감정을 느낄 수 있는 10가지 방법

1. 낙관적인 생각을 하자. 하루 동안 비관적인 모든 생각은 중단하고, 낙관적인 생각만 해보자. 그리고 이 방법이 어떤 영향을 미치는지 살펴보자.
2. 다른 사람의 성공을 즐기자. 다른 사람의 좋은 감정을 공유하면, 놀랍게도 마음의 문을 열기 쉬워진다.
3. 당신이 친절하다는 사실을 기억해야 한다. 가장 최근 타인에게 친절을 베풀었던 순간을 생각해 보자.(매우 사소한 행동이라도 괜찮다.)
4. 용기를 갖자. 오늘 하루 동안 당신과 다른 사람을 위해 무엇을 할 수 있는가?
5. 긍정적인 결과를 시각화해 보자. 최선의 결과를 예상하고 그 일이 실현된 순간을 '떠올려보자.' 이 행동이 정신에 어떤 영

향을 미치는가?

6. 자신의 최고의 자질에 집중하자. 그리고 내면에 있는 강점이 무엇인지 살펴보자. 당신은 진정한 생존자이다!

7. 당신이 사랑하고 있는 사람에게 연락하자. 중요한 연결고리를 맺고, 마음이 반응하는 것을 느껴보자.

8. 잠시 멈춰서 긴장을 풀고 아름다운 순간을 즐겨보자.

9. 오늘 지하철 안에서나 거리를 걸을 때, 혹은 슈퍼마켓이나 거리에서 우연히 접하게 된 선의를 느껴보자. 타인의 친절함이 어떤 영향을 미쳤는가?

10. 마음속으로 미소를 지어보자. 이는 감사하고 만족스러운 순간에 나타나는 반응이다. 그 감정을 개발시켜 보자.

감정의 차단과 발산 반복하기

사람들은 성장하면서 감정의 자기표현을 줄이기 시작한다. 어릴 때부터 감정을 감추는 것이라고 배웠기 때문이다. 감정 표현을 거부하는 근본적인 원인은 두려움 속에 내재되어 있다. 그리고 이 두려움은 유년 시절, 우리의 지각 능력에 영향을 미쳤던 부모와 타인으로부터 습득했다. 감정은 강력한 에너지이다. 다 자란 성인들은 감정을 표현하면 통제력을 상실할 수 있다는 두려움을 가지고 있다. 그리고 감정은 욕구의 표현 방법이기 때문에 또 다른 두려움이 도사리고 있다. 예를 들어, '어려운' 상황에 처해 있을 때 자신의 약점을 드러내면, 남들에게 약해 보일 수 있다는 두려움 말이다.

우리의 문화에는 아이들에게 좌절하지 않도록 독려하는 메시지로 가득 차 있다. 당신도 어렸을 때 이런 이야기를 한번쯤은 들어본 적이 있을 것이다. 예를 들어, '두려워하지 마라, 남자 아이는 울어서는 안 된다, 네가 화를 낸다고 해도 난 받아들일 수 없다, 그런 식으로 느껴서는 안 된다, 울어선 안 된다, 그건 아이나 하는 행동이다, 그냥 한번 크게 웃고 참아라, 질투하는 사람은 매력이 없어 보인다, 네가 비참하다고 생각해서는 안 된다, 아무렇지도 않은 것처럼 행동해야 한다, 죽음에 대해 말하지 말라, 불편한 주제이기 때문이다, 네가 생각하는 것을 그대로 말하게 된다면, 사람들은 너를 좋아하지 않을 것이다, 어린 여자 아이는 언제나 예뻐야 한다…… 등등.' 여기에 어떤 내용을 더 추가할 수 있을까?

이런 메시지들은 입에서 입으로 전달되거나, 보다 미묘한 방법으로 전달되고 있다.

우리는 이 세계가 작용하는 방법에 대해 여러 가지 방법으로 배우고 있다. 아이들은 앞서 언급한 메시지를 실제로 큰 목소리로 말하지는 않더라도 마음속으로 내면화하고 있다. 아동기에는 이런 메시지를 감지하기 어렵더라도 성인이 된 후에는 상당한 영향을 미치게 된다. 우리는 어렸을 때 접했던 교육 방법으로부터 상당한 내용을 배우고 체득했다. 생각과 감정, 행동 패턴은 우리 삶에 스며들었으며, 신체와 정신, 감정과 영적인 수준에서 경험하고 있다. 그리고 말로 전달된 것만큼 무언의 메시지로부터도 상당한 내용을 익히고 있다. 예를 들어, 한쪽 끝이 올라간 눈썹, 눈은 웃고 있지 않은 채 입으로만 웃는 미소, 거절의 의미를 전달하는 몸짓, 무시당하면서 느끼게 되는 냉대 등이 있다. 이처럼 무언의 메시지로부터 여러 가지를 배우고 있다.

무언의 메시지 기억하기

유년 시절, 무언의 메시지로부터 무엇을 배웠을까? 이 연습을 끝내기 전에 깊게 생각해 볼 필요가 있다. 메시지는 감지하기 어려웠을 수 있지만, 그 영향력은 상당히 크다.

예 :

1. 무언의 메시지 :
   내가 아버지의 의견에 동의하지 않을 때마다, 아버지는 나를 무시했다.

2. 이 경험으로부터 배운 것 :
   아버지의 의견에 동의하는 척한다면, 아버지는 나에게 관심을 보일 것이다.

3. 이 메시지의 결과 :
   나는 지금도 내 생각을 말할 수 없으면 화가 난다.

1. 무언의 메시지 :

....

....

....

....

2. 이 경험으로부터 배운 것 :

....

....

....

....

3. 이 메시지의 결과 :

....

....

....

....

통찰력
당신이라는 별이 밝게 빛나게 하자

사람들은 보통 '나쁜' 것을 원치 않을 때 거부한다고 말한다. 따라서 원치 않는 것을 억누르게 되면, 그것은 결국 그림자 같은 것이 된다. 그러나 그림자(차단하고 억누르는 짓)를 둘러싸고 있는 '어두운' 감정을 벗어나고 없앨 수 있는 몇 가지 방법이 있다. 한편, 보다 능숙하게 거부를 하게 된다면, 자연스럽고 창의적인 반응을 억제하게 되면서 불신을 배우게 된다. 아래의 목록을 살펴보자.

- 친절하다
- 영리하다
- 관대하다
- 신뢰할 수 있다
- 재능이 있다
- 사랑스럽다
- 사려 깊다
- 관심이 있다

자신에 대해 각 항목마다 1~10점의 점수를 매겨보자. 어느 항목이든 5점 이하의 점수를 줬다면, 평가가 적절한지 생각해 봐야 한다. 자신을 과소평가하고 있는가? 자신의 잠재력을 회피하고 있는가? 자신의 빛나는 자질을 거부하고 있는가?

당신이라는 존재에 허심탄회하고 다정하게 접근해 보자. 당신은 위의 항목 그 이상의 모든 긍정적인 자질을 받아들일 준비가 되어 있다! 그리고 모든 항목에 10점을 줄 수 있다. 잠시만이라도 불신은 접어두고 온전히 멋진 자신을 인정해 보자. 기분이 어떤가? 아마도 처음에는 낮은 자아 존중감을 바탕으로 평가했을 것이다. 오늘만큼은 이를 무시하고 자신이 얼마나 친절하고 현명하며 관대하고 신뢰할 수 있으며 재능 있고 사랑스럽고 사려 깊으며 열정적일 수 있는지 증명해 보자. 다른 사람보다 빛나고 있는 별이 되어 있을 것이다.

이제, 자신에 대한 부정적인 생각을 벗어던질 때이다. 부정적인 생각은 자신의 길을 가로막고 있는 존재일 뿐이다. 당신이 할 수 없다고 생각하는 것이 무엇이든 생각하지 말아야 한다. 그, 대신 당신이 할 수 있는 일에 집중해 보자.

연습하기

감정을 수용하고 표현하기

　우리는 다른 것보다 받아들이고 표현하기 어려운 감정들이 조금씩 있다. 각각의 감정에 관련된 상태를 체크하여 '감정의 표'를 채워보자. 이 연습을 하기 전에 주의 깊게 생각할 필요가 있다. 심사숙고해서 답을 작성해야 한다.

감정의 표

감정	수용하기			표현하기		
	쉬움	때로는 어려움	항상 어려움	쉬움	때로는 어려움	항상 어려움
슬픔						
수치스러움						
행복함						
분노						
기쁨						
비탄						
혐오						
다정함						
두려움						
질투						
걱정스러움						
사랑						
당황스러움						

감정	수용하기			표현하기		
	쉬움	때로는 어려움	항상 어려움	쉬움	때로는 어려움	항상 어려움
보호						
외로움						
거부						
우울함						
열정						

　당신의 '감정의 표'는 어떤 결과가 나왔는가? 어떤 답이 가장 놀라웠는가? 그리고 받아들이기 어려운 감정을 살펴보자. 그리고 이 감정들을 다루기 어렵다고 느낀 이유는 무엇인가?

　아마 어렸을 때부터 특정한 감정을 터부시하는 환경에서 성장했을 수 있다. 예를 들어, 고백했다가 거절을 당한 경험이 있다면, 지금도 사랑의 감정을 표현하는 데 공포심을 느끼고 있을 수도 있다. 그리고 적절한 때 분노를 표출할 수 없는 환경에서 자랐다면, 마음속에는 감정이라는 화산이 언제 폭발할지 모르는 상태로 있을 것이다.

　한편, 일생 동안 분노를 표출하고 살고 있지만, 정작 분노의 원인을 알지 못하는 사람도 있다. 이런 부류의 사람들은 분노를 끊임없이 표현하거나, 역으로 어떤 감정도 완전히 표현하지 않을 수 있다. 극도로 상처를 받고 분노한 사람들은 결국 자신의 감정에 무감각해질 수 있다는 의미다. 사람들은 진정으로 상처를 받게 되면, 어떠한 감정도 표현하지 않는 방법으로 자신을 보호하게 된다. 따라서 분노하는 사람들은 자신의 감정을 위장하게 된다. 이런 사람들은 감정을 표현하지 않지만, 그를 둘러싸고 있는 분위기는 무감각한 분노로 가득 채워진다. 가족 중 화를 잘 내는 사람을 떠올려보고 그 사람이 분노를 표현하는(혹은 표현하지 않는) 방법을 생각해 보자.

받아들이기는 쉽지만 표현하는 것이 어려운 감정이 있는가? 감정이라는 것은 표현하기 전에 수용하는 것이 순서지만, 어떤 감정을 쉽게 받아들일 수 있다고 해서 그 감정을 쉽게 표현할 수 있다는 보장은 없다. 수용은 감정을 발산하는 과정의 일부이며 첫 단계이지만, 감정을 공유하는 것은 또 다른 문제다. 예를 들어, 나는 슬픔을 받아들일 수 있지만. 다른 사람에게 이 감정을 표현하는 것을 매우 어려워한다. 다른 사람들이 어떻게 생각할지 그리고 그들이 내 감정을 다룰 수 있을지 걱정되기 때문이다. 나 같은 경우에서는, '다른 사람들이 내가 보이는 감정을 다룰 수 있을까?' 가 가장 큰 고려 사항인 것이다.

많은 사람들은 여러 가지 이유로 자신의 감정 표현을 두려워하고 있다. 사람들이 '내 감정에 대처할 수 없어.' 라고 주로 생각한다. 그리고 이런 사람들은 다음과 같은 무언의 메시지를 보낸다.

	1. 당신의 감정을 나에게 보이지 마세요.
왜냐하면	2. 나는 당신의 감정이 두려워요.
왜냐하면	3. 나는 내 감정도 두려워요.
그리고	4. 나는 당신의 감정은 당신이 감당하기를 원해요.

만약 당신이 감정을 나눌 준비가 됐다면, 이를 다룰 수 있는 사람을 찾아야 한다. 자신의 감정을 표출해 본 사람들은 타인의 말을 쉽게 들어줄 수 있기 때문에 그런 사람을 찾으면 된다. 어느 시점에서는 전문적인 도움이 필요할 수 있다. 이런 경우, 전문적인 코치/카운슬링을 받거나 지원 단체에 참가할 수 있다. 하지만 혼자서도 매우 효과적으로 해결할 수 있다.

> **이 문제를 생각해 보자 :** *당신이 가장 두려워하고 있는 감정은, 당신의 인생을 놀라울 정도로 변화시킬 수 있는 힘을 가지고 있을 수 있다.*

【 사례 연구 】

케이시(kathy)는 42세의 초등학교 교사로, 다른 학교에서 그토록 고대했던 교감직을 제안받았다. 하지만 그녀는 교감직을 제안받은 이후부터 '자존감 위기'라고 불리는 상태를 겪게 됐고, 결국 나에게 연락을 해왔다.

케이시는 서류 심사와 인터뷰를 순조롭게 통과했기 때문에, 매우 행복한 상태여야 했다. 나는 그녀에게 언제부터 불편한 상태가 시작됐는지 물어보았다. 그러자 그녀는 교감직 자리를 수락하고 난 후 자신의 상관이 될 새로운 교장(우리는 그녀를 엠마(Emma)라고 불렀다.)과 비공식적인 대화를 나눈 이후부터였다고 답했다.

케이시는 이렇게 말했다.

"저는 흥분과 자신감에 가득 차서 약속 장소에 나갔지만, 돌아올 때 제 자존감은 완전히 너덜너덜해졌어요. 엠마는 사랑스러운 사람이었어요. 하지만 제가 감당하기에는 지나칠 정도여서 위협받는다는 느낌이 들 정도였어요. 그녀는 제가 편안할 수 있도록 세심하게 대해 주었지만, 그녀가 다정한 행동을 할수록 저는 신중해졌고 점점 부자연스럽다는 느낌을 받았어요. 저는 집으로 곧장 돌아와 한동안 울었어요. 그리고 그토록 고대했던 새 직장을 받아들일 수 없다는 생각과 중압감이 들었으며, 그 제안을 거절하려는 생각도 했지요. 그래서 애인과 상의도 했지만, 그는 저를 이해할 수 없다며 기회를 잡으라고만 했어요. 제 감정 상태는 점점 심각해져 학교에서는 수업도 제대로 진행할 수 없게 됐어요.

그때 쌍둥이 언니 멜(Mel)이 출판 회의에 가던 도중 저희 집에 들러 무슨 일이 생겼는지 물었어요. 순간 저는 갑자기 화가 솟구치는 것을 느꼈지요. 그리고 언니에게 상관할 필요가 없다고 말하며 상당히 무례하게 굴었어요. 그러자 언니는 바로 가버렸어요. 그때부터 저희 관계는 서먹서먹해졌어요. 저는 언니와 함께 있을 때는 언제나 신경이 곤두서 있는 것을 느끼거든요. 태어난 순간부터 언니를 따라잡기 위해 전력질주를 해야 한다는 느낌을 받았어요.

언니는 저보다 20분 먼저 태어났어요. 멜은 저보다 예뻤고 똑똑했어요. 모든 면에서 저보다 재능이 많은 사람이었지요. 그래서 아빠의 사랑을 독차지하는 것은 언제나 언니였어요. 멜이 저희 집을 떠난 이후, 엠마를 떠올렸어요. 그리고 제가 엠마와 저를 비교했다는 사실을 알게 됐어요. 엠마는 멜처럼 키가 크고 금발이었거든요."

케이시의 어린 시절을 이야기하면서, 그녀가 언제나 쌍둥이 언니의 성공을 질투했으며, 지금도 그러고 있다는 사실을 알게 되었다.

그녀는 나에게 이런 사실을 털어놓자, 금세 기분이 밝아져서는 곧장 학교로 돌아갔다. 그 후 우리는 몇 세션에 걸쳐 그녀가 멜에 대해 느끼고 있는 감정을 바꿀 수 있는지 그리고 그녀를 짓누르고 있던 질투의 감정을 버릴 수 있는지 이야기를 나눴다.

케이시에게는 '목격하기'라는 방법을 사용했다. 이 방법은 현명하고 평화로우며 객관적인 상태를 만들기 위해, 즉각적이며 반응적인 감정적 상태에서 한발 물러나는 전략이다. 당신도 '방관자' 역할을 할 수 있다면, 이 방법을 사용할 수 있다. 이 방법을 사용하면, 당신이 가지고 있는 가장 강력한 감정을 어느 정도 덜어낼 수 있으며, 보다 편안해질 수 있다.

케이시는 변하려는 강력한 의지가 있었다. 그리고 이것이 무엇보다도 도움이 되었다. 그녀는 어려운 감정을 수용하고 떨쳐낼 준비가 되어 있었다. 그녀는 정신적으로 쌍둥이 언니로부터 벗어날 수 있게 되자, 둘의 관계는 더없이 좋아지기 시작했으며 서로를 완전히 새로운 방식으로 알게 되었다. 그들 모두 이 과정을 거치면서 상당한 자신감을 갖게 되었다. 물론 케이시는 새 직장에서 엠마와 우정을 쌓기 시작했다. 이 이야기에서의 교훈은 표현하지 못한 감정은 매우 복잡하게 얽혀 있을 수 있지만, 언제든지 풀 수 있으며, 묵혀 있던 감정을 풀게 되면 인생의 새로운 장을 열 수 있다는 것이다.

연습하기

감정 발산하기

감정적인 문제를 겪고 있을 경우 언제든 이 방법을 사용할 수 있다. 이 방법은 자신의 진정한 감정을 표현하는 데 도움이 될 것이다.

먼저, 받아들이고 표현하는 것이 어려운 감정을 찾아보자.
그리고 다음과 같이 적어보자.
'나, (이름)는 (감정)을 느끼는 것을 거부하고 있다.'

예를 들면, 다음과 같다.
나, 린다는 수치심을 느끼는 것을 거부하고 있다.

1. 나, ……는 ……을 느끼는 것을 거부하고 있다.

노트 한 권과 펜, 거울, 그리고 화장지를 준비하자. 그리고 이 문장을 반복해서 적어보자. 한참동안 이 문장을 적고 난 후에는 반복해서 말해 보자. 그리고 당신에게 느껴지는 모든 감정을 의식해 보자. 준비가 됐다면, 거울을 바라보고 이 문장을 반복해서 말해 보자. 이 일이 어렵더라도 계속 해야 한다. 거울 연습은 매우 중요한 경험이기 때문이다. 매우 감정적이 됐다고 느껴진다면, 어떤 방법으로든 그 감정을 표현해야 한다. 대성통곡을 할 수도 있을 것이다. 혹은 베개 끝을 적실 수도 있다. 이불 속에서 몸을 말고 있다가 잠에 들 수도 있다. 지금 느끼고 있는 감정이 무엇이든 그 일을 해야 한다. 마음이 동하지 않을 수도 있지만, 그것도 괜찮다. 당신이 지금 어떤 감정을 느끼고 있더라도 계속 이 과정을 진행해야 한다.

이 연습의 모든 과정을 반복해야 한다.

2. 나, ……는 ………을 느끼는 것을 거부하고 있다.
왜냐하면 ………….

거울을 사용할 수 있다면, 그렇게 해도 좋다. 이제 속도가 빨라져 끝이 나지 않을 것처럼 보일 수도 있다. 이런 식으로 자신을 바라보니 어떤 감정이 드는가?

3. 나, ……는 ………을 느낄 준비가 되었다.

4. 나, ……는 ………을 느끼는 것을 수용한다.

5. 나, ……는 나의 모든 경험을 사랑하고 소중하게 생각한다.

6. 나, ……는 나의 모든 감정을 사랑하고 소중하게 생각한다.

7. 나, ……는 나 자신이 ………을 느끼는 것을 허용한다.

당신은 지금 한때 거부했던 감정을 완전히 경험하는 것을 허용했다. 다른 감정도 경험하고 있다면, 단지 그 감정을 인정하면 된다. 죄책감이든 분노든 느낄 수 있다. 그렇게 된다면, 다음의 과정도 완수할 수 있을 것이다.

8. 나, ……는 나 자신을 용서한다.

다른 사람에게 분노를 느끼고 있는가? 그렇다면, 그들을 용서해야 한다.

9. 나, ……는 ………한 당신을 용서한다.

이제 여러 방법으로 감정을 표현할 수 있을 것이다. 우리는 지금까지 가장 강력한 감정과 연결되는 것을 억눌러왔다. 이런 감정으로 인해 고통받을 수 있다고 뇌리 속 깊이 상상해 왔기 때문이다. 그러나 실제로는 사실이 아니다. 고통스러운 감정에 대한 저항이다. 감정이 두려워 억누른다면, 고통을 느끼게 된다. 하지만 이 감정을 받아들일 수 있다면, 강렬한 감정을 경험할 수 있겠지만 다치지는 않을 것이다. 자신의 감정으로 다칠 수 없기 때문이다. 감정은 당신보다 강하지 않다. 그것은 단지 자기표현에 없어서는 안 될 일부이다. 당신이 스스로 감정을 만들어내고 있으며, 그 감정은 당신만의 개인성으로 인해 특성한 색을 띨 수 있다는 사실을 기억해야 할 것이다. 자신을 사랑하고 소중히 여길 수 있을 때, 당신이 느끼는 것이 무엇이든 더 이상 감정에 휘둘리지 않게 될 것이다. 그리고 모든 감정을 존중하고 적절한 방법으로 표현할 수 있게 될 것이다. 감정적인 생활이 균형을 이룰 때 자존감은 높아진다.

3일차 | 검토하기

3일차 핵심 생각

- 감정에 휘둘리지 않게 될 것이다. 감정 능력을 개발하고 개선하며 정제하면 자신감과 균형감을 느낄 수 있다.
- 감정이 한꺼번에 몰아닥치면, 이성적으로 반응하기 매우 어렵다.
- 감정은 왔다가 사라진다. 그리고 순간적으로 변한다. 그러나 감정을 느끼는 방법을 이해하고 존중하며 인정하는 순간, 즉시 자신감을 되찾을 수 있다.
- 합리성과 감정의 균형을 이룰 때에만 자신감과 자아 존중감을 개발할 수 있다. 따라서 합리성과 감정 모두 필요하다.
- 진정한 감정을 받아들이는 것을 거부한다면, 자신을 존중할 수 없다.
- 자신의 감정 상태가 무엇이든 친절하고 다정하게 접근해야 한다. 무엇을 느끼든 자신에게 마음을 열 수 있는 방법이다.
- 당신이 중점을 두는 것이 무엇이든 그에 대한 관심은 자라게 된다. 따라서 긍정적이고 감정적인 특성에 초점을 맞추는 것이 현명하다.
- 내면의 미소를 개발해야 한다. 이것은 마음이 평화롭고, 고마움을 느끼는 순간 일어나는 진정한 반응이다.
- 대부분의 사람들은 자신의 감정을 두려워한다.
- 당신의 감정은 당신을 해칠 수 없다. 감정은 당신이 만들어낸 것이기 때문에, 당신은 감정을 이길 수 있는 힘을 가지고 있다.

• 당신이 긍정적인 자질로 가득 차 있다는 사실을 수용할 준비가 되어 있다고 상상하자. 그리고 어떤 기분이 드는지 의식해 보자.

3일차에 지켜야 할 3가지 행동 수칙

1. 오늘의 생각을 기록해 보자.
   예 : 나는 분노를 표출하는 것을 두려워하고 있었다.

2. 이러한 생각 이면의 패턴(생각/감정/행동)을 생각해 보자.
   예 : 내가 어렸을 때 엄마는 가정의 평화를 지키기 위해 언제나 분노를 억누르고 있었다. 그리고 지금의 나도 정확히 똑같이 행동하고 있다.

3. 반응을 바꿀 수 있는 행동 방침을 세워보자.
   예 : 나는 화가 났을 때 그 감정을 인정하기로 했다. 그리고 그 감정을 하찮거나 공포스럽다는 이유로 무시하는 대신, 그 감정을 느끼는 이유를 찾아보기로 결심했다.

이 3가지 행동 수칙을 시작해 보자.

나만의 개인적인 견해 :

....

....

....

....

견해 이면에 있는 패턴 :

....

....

....

....

나의 행동 방침 :

....

....

....

....

4일

단호한 행동 취하기

의도적으로 당신의 역량보다 수월한 계획을 세운다면, 단언컨대 당신은 남은 인생을 불행하게 보낼 것이다.

– 에이브러햄 매슬로우(Abraham Maslow, 심리학자)

4일 | 단호한 행동 취하기

처음부터 내가 강인한 여성으로 태어났다는 사실을 알았더라면 좋았을 텐데. 그 사실을 알았더라면 지금과는 달랐을 것이다! 내가 용감한 여성으로 태어났다는 사실을 알았더라면 좋았을 텐데. 나는 내 인생의 대부분의 시간을 웅크리고 살았다. 내가 전사의 심장을 가졌다는 것을 알았더라면, 얼마나 많은 대화를 시작하고 끝마칠 수 있었을까? 내가 이 세상에 도전하기 위해 태어났다는 사실을 알았더라면 좋았을 텐데. 나는 그렇게 오랫동안 달아나지 않았을 것이다. 두 팔 벌려 이 세상을 받아들였을 것이다.

         – 사라 밴 브레스낙(Sarah Ban Breathnach, 작가)

나는 이 글귀로부터 떠오르는 이미지를 좋아한다. '강인한 여성'에서 무엇을 떠올렸는가? 그리고 '웅크리고 살다.'에서는 무엇을 연상했는가? 맞다. 당신도 이것이 어떻게 보이고 느끼는 행동인지 알고 있을 것이다. 우리 모두 한 번 이상 피해자처럼 행동한 적이 있다. 당신은 '전사의 심장'을 가지고 있지만, 잊고 살았을 것이다. 그렇다면 이제부터라도 기억해야 한다.

아름답고, 빛이 나며, 용감한 사람이 된다는 것은 어떤 느낌일까? 이 세상, 특히 자신의 존재라는 기적을 두 팔 벌려 받아들일 때, 자신을 믿을 수 있고 자신감을 느끼고 단호하게 행동할 수 있다.

　4일차는 역동적이며 앞서서 상황을 주도하고 결단력 있는 자신을 포용하는 것이 주제다. 당신이 진짜(자신에게 실제적이며 진실한 존재가 되는 것)가 될 때, 행동은 자연스럽게 단호해지고 승자처럼 행동하게 될 것이다. 자연스럽게 단호한 사람이 될 수는 없다. 그것은 개발해야 하는 기술이다. 따라서 오늘은 이 방법을 정확하게 알아볼 것이다.

이것은 당신이 하고 있는 것이 아니라 그것을 할 수 있는 방법이다

　3일차에 우리는 진정한 감정을 유지하는 것이 얼마나 중요한지 살펴보았다. 그리고 이제는 우리를 행복하게 만들기 위해 필요한 것이 무엇인지 확인하고 쟁취해야 한다. 오늘은 목표에 효과적으로 다가가고 자아 존중감을 높일 수 있는 여러 가지 행동 모델을 살펴볼 것이다. 이제 다음의 질문에 답해 보자.

- 승자처럼 행동하는 것은 어떤 의미가 있는가?
- 어떤 행동 유형으로 자존감을 높일 수 있는가?
- 왜 우리는 때때로 피해자처럼 행동하는가?
- 어떻게 해야 기량을 높이고 단호하게 행동할 수 있는가?

우리는 사람들에게 우리를 어떻게 대해야 하는지 가르치고 있다. 이 문장을 읽고 난 후 처음 든 생각은 무엇인가? 이 내용을 믿을 수 있겠는가? 여기에서 중요한 것은 우리가 하고 있는 일보다 그것을 하는 방법이다.

행동에서 기인한 성공적인 결과를 찾고 있다면, 여러 가지 행동 유형이 여러 가지 결과를 낳을 수 있다는 것을 먼저 이해해야 한다. 이는 원인과 결과의 불가피한 관계를 이해해야 하는 단순한 문제다. 우리가 피해자처럼 행동한다면, 다른 사람들도 우리를 피해자처럼 대할 것이다. 그리고 우리가 창의적이고 용기 있게 행동한다면, 다른 사람들도 우리를 존중할 것이다.

행동 방식과 자존감은 언제나 직접적으로 연결되어 있다. 단호하게 반응을 할 때마다. 인생의 승자처럼 행동하고 있는 것이다. 이런 맥락에서, 승자는 자신의 잠재력을 발휘할 수 있으며, 어떤 상황에서든 최선을 다할 수 있고, 극단적인 고난에 직면해도 긍정적으로 접근할 수 있는 사람이라고 정의내릴 수 있다. 승자는 피해자 반응을 보이지 않으며, 승리하는 상황을 만들어내는 마법의 공식을 알고 있다.

자기 믿음 + 긍정적 감정 + 단호한 행동 = 승리의 결과

그림 5(109쪽)는 사회적 상호작용 속에서 우리가 고를 수 있는 선택의 범위를 보여주고 있다. 우리가 단호하게 행동한다면, 우리의 욕구뿐만 아니라 타인의 욕구도 존중할 수 있게 되고, 자신감을 얻는 것과 동시에 자신에 대해 확신할 수 있을 것이다. 우리가 필요로

하는 것에 단호하게 반응하기 위해서는 우리가 원하는 것(우리가 원하지 않는 것)을 알고, 우리가 만들어낸 인생을 완전히 책임질 준비가 되어 있으며, 타인과 솔직하게 소통할 수 있고, 기회를 잡을 준비가 되어 있어야 한다.

'피해자'처럼 행동한다는 것은 공격적이거나 수동적일 수 있으며, 혹은 어중간한 태도를 보일 수 있다. 피해자처럼 행동한다면, 화가 나고 분노하게 된다. 그리고 자신에게 해를 입힌 사람을 비난하고, 효과 없는 의사소통 기술을 갖게 되며, 진정한 감정을 보이길 두려워하고, 불안정하며, 자아 존중감이 사라질 것이다. 자존감이 낮다면, 패배자처럼 느끼게 되고 피해자처럼 움직일 수밖에 없게 된다.

수동적-공격적-수동적 주기가 작동하는 원리

피해자처럼 행동한다면, 공격성과 수동성의 양 극단을 오가는 자신을 볼 수 있을 것이다. 바로 이것이 수동적-공격적-수동적 주기가 작동하는 원리다.

- 어떤 일이 일어났다고 상상하면 심리적으로 위협받고 있다는 느낌이 든다.
- 바로 수동적인 모습으로 위축되고 방어적이 되며 자신에게 미안한 감정을 느낀다.
- 분노의 감정을 갖게 된다. 그리고 마음을 졸이게 된다.

- 그리고 난 후 어느 지점에 이르게 되면, 갑자기 공격성을 보이게 된다.
- 그리고 다시 죄책감과 후회의 감정이 지나가면, 수동적으로 변하게 된다.

이러한 주기를 인지할 수 있겠는가? 물론 모든 사람이 이 양 극단을 오가지는 않는다. 일부 사람들은 수동적인 모습에 특화된 반면, 어떤 사람들은 공격적인 모습을 보인다. 처음에는 이 두 가지 유형이 완전히 다르게 보일 것이다. 공격적인 사람은 시끄럽고 지배적이며 확고하고 자신감이 있는 것처럼 보이고, 수동적인 사람은 조용하고 자신감과 방향성이 결여된 것처럼 보인다.

그러나 실제로 두 유형 모두 작위적이며, 책임을 전가하고, 비효율적이다.

이러한 피해자 및 비피해자 행동 패턴을 이해할 수 있을 것이다. 우리 모두는 살면서 한 번쯤은 이런 행동 패턴을 보인 적이 있을 것이다.

자아 존중감이 낮다면, 수동적 또는 공격적으로 행동하고 있는 피해자 범주에 있는 자신을 발견하게 될 것이다.

즉 자존감이 낮을 때에는 피해자처럼 행동할 수 있다. 반대로 기분이 좋다면, 쾌활하고 자신감에 차 있으며 단호하게 행동하고 '여러 가지 일을 할 수 있을 것' 처럼 느낀다. 즉 자존감이 높을 때에는 승리자(비피해자)처럼 행동할 수 있다.

승 리 자 행 동

독 단 적

자존감을 가지고 있다
그들이 원하는 것을 알고 있다
타인의 소망을 존중한다
사건을 일으킨다
'아니오'라고 말할 수 있다
효과적인 의사소통 능력을 가지고 있다
기회를 잡는 것을 두려워하지 않는다
진정한 감정을 표현할 수 있다
제대로 대접 받기를 바란다
자신의 행동에 대한 책임을 받아들인다

사회적 상호작용

화가 나고 분개한다
일이 잘못되면 타인을 비난한다
위험을 떠안는 것을 두려워한다
자존감이 낮다
자신을 의심하고 불안정하다
진정한 감정을 거부한다
항상 다른 사람의 기분을 맞추려한다
효과 없는 의사소통 능력을 가지고 있다
피해를 입을 것이라고 생각한다

공격적

수예적

희 생 자 행 동

〈 그림 5. 2가지 유형의 행동 모델 〉

연습하기

행동의 유형

3가지 방법으로 행동했을 때를 생각할 수 있는가?

1. 수동적으로 행동했을 때

상황 :

....

행동했던 방식 :

....

상황의 결과 :

....

....

2. 공격적으로 행동했을 때

상황 :

....

행동했던 방식 :

....

상황의 결과 :

....

....

3. 단호하게 행동했을 때

상황 :

....

행동했던 방식 :

....

상황의 결과 :

....

....

자신감을 위한 조언
할 수 있다고 생각한다면 할 수 있다

- 과거의 성공 사례를 목록으로 만들고 원하는 때로 돌아가 보자. 즉 자전거 타는 법을 처음 배웠을 때나, 시험에 통과했던 일, 처음 취직에 성공하고, 첫사랑을 하던 당시로 말이다. 이런 일들을 커다란 종이 위에 적어보고 목록을 계속 추가하는 것이다. 아마도 수많은 성공을 거뒀을 것이다.
- 이제 극복했었던 커다란 문제들을 기억해 보자. 어떻게 대처했었는가? 어떤 내면의 힘을 사용했었는가? 그 일들을 적어

보고, 지금도 그 자질을 가지고 있는지 확인해 보자.

- 두려워했던 일을 떨치고 성취했었던 당시를 생각해 보자. 안락한 행동반경을 떠날 때마다 기분이 상쾌해지고 에너지가 충전됐다는 것을 느낄 수 있다. 당신은 그 방법을 알고 있고, 다시 할 수 있다.
- 당신은 인생에서 원하는 것을 이루기 위해 무슨 일이든 해본 적이 있다. 해야 할 일은 첫걸음을 떼는 일이다. 오늘 당장 시작하자!

피해자에서 승자가 되는 방법

내가 자신의 현실을 만들고 있다는 사실을 알게 됐을 때, 개인적인 발전에 대한 관심은 모두 사라졌다. 이 같은 사실을 이해하게 되자, 내 비밀도 완전히 사라졌다. 나는 더 이상 누구도 비난할 수 없게 되었다. 부모나 전남편, 직장 상사, 주차단속요원, 건축업자 등 말이다.(심지어 난 날씨 탓도 했었다.) 현실을 이해하기 시작하자, 매번 누군가의 잘못을 탓하며 나의 힘으로 상황을 바꾸지 않았다는 사실을 파악하는 데 그리 오랜 시간이 걸리지 않았다.

나의 낮은 자존감이 순전히 아버지의 탓으로만 돌렸다면, 아버지가 태도를 바꾸지 않았더라도 나는 자신감 있는 사람이 될 수 없었다는 것을 의미한다. 이와 유사하게, 내가 남자를 믿지 못하게 된 것이 전남편의 책임이었다면, 나는 또 다른 관계를 꿈꾸지 않았을 것이다.

나는 첫 번째 결혼을 끝내고 두 아이와 살면서(당시 세 살과 한 살이었다.) 피해자처럼 행동하는 자신을 수용하고 있었다.

선택의 결과는 완전히 달랐다. 피해자처럼 행동하면서 계속 불평을 늘어놓으며 누군가를 비난하거나, 완전히 방법을 달리하여 새로운 인생을 사는 것이었다.

나는 사람은 하룻밤 사이에 변할 수 없다고 말할 수밖에 없었다. 내가 집착하고 있었던 수많은 부정적인 패턴이 있었기 때문이다. 그러나 나는 긍정적인 사고와 감정적 지능, 단호한 행동에 관한 내용을 읽고 이해하기 시작하면서, 자립의 힘을 기르기 시작했다. 그리고 자립에 대한 열정을 평생의 관심으로 삼기 시작하면서, 멋진 직업을 갖게 되었다. 누가 감히 상상이나 할 수 있겠는가? 당신도 피해자 같은 행동에 빠져서 어떤 일도 할 수 없는 상태라면, 장담컨대 당신도 변할 수 있다. 내가 했다면 당신도 할 수 있기 때문이다.

'피해자 의식'이라는 정신 상태로 빠져들게 되는 여러 가지 이유가 있다. 언뜻 보면, 자신의 행복을 누군가의 책임으로 전가하는 것은 그리 나빠 보이지 않을 수 있다. '그들'을 비난할 수 있으며, 인생에서 무슨 일이 벌어지든 설명할 길이 없기 때문이다.

그러나 정말로 이런 일을 원하는가? 때로 책임 전가가 끌리는 이유는 무엇일까? 이에 대한 몇 가지 설명이 가능하다. 자립하는 것을 두려워한다거나, 사람들이 자신을 좋아해 주길 바라거나, 자존감이 낮아 솔선수범해서 나서는 것이 어렵게 느껴질 수 있기 때문이다. 그러나 자신에게 지나치게 엄할 필요는 없다.

사람들은 피해자처럼 행동하는 것을 좋아한다. 사람들은 난관에 처했을 때 방어적이 되고 남을 탓하는 경향이 있다. 이는 자연스러운 반응이다. 하지만 자신의 현재 상태를 확인하고 피해자 방식에서 탈피해 승리자 방식으로 변할 수 있는 두 가지 행동 유형이 있다.

지금 자신의 모습을 어떻게 설명할 수 있을까? 당신은 '일을 만드는' 상황을 앞서서 주도하는 유형인가 아니면 '일이 일어나기를 기다리는' 반응적인 유형인가? 상황을 앞서서 주도하는 사람이라면, 단호하고 자신감이 있으며 재주가 있고 자존감이 높은 사람일 것이다. 그러나 반응적인 사람이라면, 다른 사람에게 자신의 권한을 포기하는 유형이다. 그리고 다른 사람의 행동의 피해자인 동시에 자존감이 낮을 것이다. 그러나 이런 행동 방식을 바꿀 수 있다!

간단한 퀴즈

얼마나 단호할 수 있는가

다음 질문에 답해 행동 상태를 확인해 보자.

가정에서
1. 가족들은 당신의 존재를 당연하게 여기고 있는가?
2. 집안일을 혼자 도맡아 하고 있는가?
3. 자신만을 위한 시간을 좋아하는가?
4. 가족에게 '아니.'라고 말하는 것이 어려운가?

5. 자신의 옷을 구입한 후 배우자에게 그 사실을 숨긴 적이 있는가?

직장에서

6. 직업에 흥미를 느끼는가?
7. 동료들은 당신에게 고마움을 표하고 지지하는가?
8. 직장에서 요청하는 경우, 원치 않는 상황이더라도 야근을 하고 있는가?
9. 상사에게 동의하지 못하는 경우, 당신의 의견을 표현할 수 있는가?
10. 어느 곳에서든 일하는 것을 좋아하는가?

자기 자신에 관해

11. 자신과 타인을 자주 비교하는가?
12. 당신이 성공을 거두면 누군가는 당신을 칭찬한다. 이를 감사하게 받아들일 수 있는가 아니면 이를 무시하는가?
13. 새로운 사람들을 만날 때 위협받는다는 느낌을 자주 받는가?
14. 다른 사람과 있을 때 편안한가?
15. 자신의 행동 때문에 사과하는가?

관계에 있어서

16. 배우자나 애인이 당신의 기분을 좋게 만들어 주는가?
17. 16번의 답이 '예.'라면, 그들이 당신을 위해 어떻게 해주는가? 답이 '아니오.'라면, 그들이 당신에게 어떻게 하고 있는가?
18. 당신은 목표를 공유하고 있는가?

19. 배우자나 애인이 변하기를 기다리고 있는가?
20. 아직도 배우자나 애인에게 끌리고 있는가? 답이 '아니오.' 라면, 왜 관계를 유지하고 있는가?

현실 속에서

21. 당신은 저녁 식사를 위해 레스토랑을 예약하고 있는가 아니면 주방에 서 있는가? 외식을 청해 본 적이 있는가?
22. 신발을 구입한 후 한 달 만에 찢어졌다. 매장에서 반품하는가? 반품해야 한다면 두려움이 앞서는가?
23. 자녀가 학교에서 따돌림을 당하고 있다고 가정해 보자. 나서서 조사하겠는가? 학교에 항의할 것인가?
24. 당신은 현재 다이어트를 진행 중이다. 그런데 친구들이 칼로리가 높은 음식을 먹자고 권유하고 있다. 어떻게 하겠는가?
25. 배우자나 애인이 제한 속도를 넘어 운전하고 있다. 이를 허용하겠는가 아니면 택시를 부르겠는가, 당신이 직접 운전하겠는가?

답의 결과를 생각해 보자. 그리고 당신이 쉽게 받아들일 수 있는 상황과 그렇지 않은 상황을 확인해 보자.

타인이 당신에게 다가온다고 가정한다면, 가장 예민한 장소는 어디인가?

도어매트 증후군

대부분의 사람들은 때때로 피해자처럼 행동한다. 사람들은 모두 취약한 점이 한두 가지는 있기 때문이다. 직장에서는 자기주장을 펼치기 쉽지만, 자녀와 가장 친밀한 사람이 있는 가정에서는 그러지 못하는 경우가 있다. 때때로 나는 고객들에게 퇴근하자마자 '직장인이라는 신분'을 벗어버리기보다는 잠시 동안은 그 상태를 유지하고 있다가, 가장 친밀한 사람들에게 단호한 모습을 보일 것을 권하고 있다.

여성들이 가족들에게 느끼는 죄책감과 분노, 사랑이라는 뒤섞인 감정은 경계를 모호하게 만든다. 물론 경계가 불분명해지면, 자아존중감과 자신감을 잃게 된다. 자존감이 높은 사람들은 자신을 보호하기 위해 경계를 유지하지만, 필요한 경우 약간의 변화를 가해 유연성을 발휘한다.

우리는 9일차(대인관계 형성하기)에서 명확하고 안전한 경계에 관한 개념을 살펴볼 것이다. 삶의 익숙한 영역에서는 자신감을 느끼지만, 새로운 상황에 직면했을 때에는 위협받고 있다는 생각을 하기도 한다.

우리가 피해를 당하고 있는지, 혹은 내면의 선한 마음으로 행동하고 있는지 파악하는 것은 어려운 일이다. 친구들이 도움을 청할 때 선약이 있는 상황이라면, 어떻게 하겠는가? 친구를 도와주는 대신 계획했던 일을 취소한다면, 당신은 피해자가 되는 것인가 아니면 좋은 친구가 되는 것인가? 당신에게 필요한 일을 먼저 해야 하는지, 아니면 누군가의 도움 요청이 먼저인지 판단하는 일은 쉽지 않다.

그리고 다른 사람에게 도움이 되는 것과 그로 인해 피해자가 되는 것은 종이 한 장 차이다. 그러나 정확하게 구분 지을 수 있는 방법이 있다.

피해자처럼 행동하고 있는가

당신이 피해자인지 아닌지 모호한 상황을 생각해 보자.

1. 상황은 :

....

2. 행동하고 있는 방법은 :

....

3. 당시 기분은 :

....

4. 당시 생각은 :

....

행동의 본질에 의심이 들 때마다, 경험하고 있는 감정과 생각을 살펴보자.

다음과 같은 감정에서 피해자 상태라는 실마리를 얻을 수 있다.

두려움
위협
화
분노
짜증
무력함
낮은 자존감
상처 받기 쉬움
격분

다음과 같은 기본적인 생각에서도 피해자 상태라는 실마리를 찾아볼 수 있다.

나는 ……을 잘하지 못한다
나는 당신이 나를 좋아해 주길 원한다
나는 '아니오.'라는 말을 할 수 없다
당신은 나보다 대접을 받을 자격이 있다
나는 기분을 표현할 수 없다
나는 당신이 두렵다
당신은 언제나 자신이 원하는 대로 하고 있다

나의 의견은 가치가 없다

누구도 나를 생각하지 않는다

연습문제의 답을 다시 한 번 확인해 보자. 특별한 상황에서의 생각과 감정이 이 목록에 포함되어 있는가, 아니면 추가할 다른 항목이 있는가?

행동에는 언제나 의도가 깔려 있다. 당신의 진정한 동기는 무엇인가? 정말로 느끼고 있는 것은 무엇인가? 이 질문들에 대한 답을 알기 위해서는 깊이 생각해야 한다. 당신이 진정으로 원하지 않는 일을 하고 있다는 사실을 받아들이는 것은 어려운 일일 수 있다. 때로 사람들은 다른 사람의 필요에 의해 살고 있으며, 이 같은 사실을 인식하기 시작하면 터져 나오는 분노를 참을 수 없어 매우 당혹감을 느낄 수 있다. 그러나 격렬하게 반응할 필요는 없다. 우리에게 피해를 주고 있는 사람들에게 새로운 행동 방법을 가르쳐 상황을 바꿀 수 있기 때문이다.

단호하게 행동하기

비희생자 반응은 단호하게 행동하는 것이다. 자신만을 위한 최선의 이익을 위해 행동하고, 자신의 편을 들 때 비로소 단호해질 수 있다. 당신이 필요로 하는 것을 정확하게 전달하는 동시에 타인의 권리와 감정도 존중해야 한다. 그리고 자신과 타인을 똑같이 소중하게 여긴다면 자존감을 높일 수 있다.

우리는 다른 사람들에게 우리가 진정으로 원하는 것/원하지 않는 것을 솔직하게 밝혀, 우리가 원하는 방식으로 대해야 한다는 것을 가르쳐야 한다. 자신에 대해 말하지 않는다면, 타인이 내 감정을 어떻게 알 수 있겠는가? 불행하게도, 한 사람이 다른 사람의 내면 깊숙한 생각과 느낌을 알 수 있다고 생각하는 오래된 관계에서도 의사소통이 원활하지 못할 수 있다. 우리는 '내가 생각하는 것/느끼는 것, 원하는 것을 당신에게 말할 수 없지만, 당신은 알아야 해.' 라고 생각하면서, 다른 사람에게 우리가 생각하고 있는 내용을 기대해 피해 상황(물론 이는 승산이 없는 상황이다.)을 만들어낸다.

그러나 어느 누구도 당신이 필요로 하는 것과 바라는 것을 예상하지 못한다. 당신이 할 수 있다고 가정한다면, 당신도 결국은 실망감을 느끼고 피해자 같은 생각이 들 것이다. 따라서 당신이 원하는 것, 필요로 하는 것을 정확하게 말해야 한다. 이 방법을 통해 인생을 보다 단순하게 만들 수 있다.

나는 이 상황에 '적합한' 사람을 한 명 알고 있다. 그녀는 주변의 모든 사람들을 위해 언제든, 무슨 일이든 할 수 있는 사람이다. 내가 그녀에게 무엇을 부탁하든, 그녀는 '알았어.' 라고 답할 것이라는 걸 나는 알고 있다. 그녀는 모든 사람들에게 '예.' 라고 대답한다. 그리고 그녀의 집은 주위 사람들의 아이들을 위해 언제든 개방되어 있기 때문에 그녀는 자신만을 위한 시간을 가져본 적이 없다. 그녀는 항상 자신보다는 다른 사람을 중요하게 여기고, 자신은 가치 없는 존재라고 생각하고 있었다.

사람이 자신의 욕구를 표출하는 것을 거부한다면, 이를 해결해야만 자존감을 높일 수 있다.

지금 상황에 적합한 사례는 아니지만, 또 다른 친구 하나는 언제나 주위 사람들의 존중을 받는 완전히 다른 종류의 사람이다. 그녀에게 도움을 청할 때 그녀가 나를 도와줄 수 없는 상황이라면 그녀는 언제나 '안 돼.'라고 말한다. 그녀는 '안 돼.'라고 말할 수 있는 사람이기 때문에 나는 그녀에게 요청하는 편이 훨씬 행복하다. 그녀와는 조화를 이룰 수 있다는 것을 알기 때문이다. 당신이 피해자를 '이용하고' 있다는 것을 알고 있다면, 불편한 감정이 들 것이다. 비피해자가 된다는 것은 남에게 피해를 주는 사람이 아니어야 한다는 의미다.

이런 상황에서, 자신의 힘을 포기하고 다른 사람을 '피해 주는 사람'으로 만드는 '피해자 행동'이라는 개념을 기억해야 한다. 우리는 다른 사람이 자신을 괴롭히도록 '허용하고' 있다. 즉 그들의 지배적인 행동을 '끌어들이고' 있는 셈이다. 이런 행동을 중단할 때, 자신과 타인을 위해 더 큰 호의를 베풀 수 있다!

생각해 볼 내용 : *자신감을 갖기로 결정했다면, 인생의 주도권을 잡은 것이다.*

통찰력
통제할 수 있다

그만하면 충분하다고 느낄 때가 행복과 자존감에 대한 태도를 정할 순간이다. 이 시점에서, 올바른 방향으로 나아갈 수 있는 몇 가지 방법이 있다.

- **좋은 출발점이 필요하다.** 하루를 조용히 시작해야 한다. 오늘은 당신의 태도와 행동을 바꾸는 첫날이라는 것을 인식해야 한다. 그리고 자신의 인생을 다시 통제할 수 있다는 것을 상기해야 한다. 기분이 좋지 않은가?
- **위험을 감수해야 한다.** 자신감이 없어 할 수 없다고 생각하는 두려운 일을 마친 후에야 개발할 수 있는 특성이 자신감이다!
- **최선을 다하고 그에 만족해야 한다.** 만족주의자 성향을 가지고 있으면 낮은 자존감이라는 부정적인 소용돌이에 자신을 가둘 뿐이다.
- **양자택일을 생각해야 한다.** 자신감에 차 행복한 인생을 살 것인가, 아니면 실패자의 인생을 살 것인가? 여기에는 선택의 여지가 없다.
- **목표를 활성화할 수 있는 긍정적인 일을 해야 한다.** 아주 작은 단계부터 시작하는 것은 중요하지 않다. 작은 단계는 다음 단계로 이어지고, 또 그 다음 단계로 이어지기 때문이다.

- **자신을 부정적으로 생각하는 것을 멈춰야 한다.** 오늘은 부정적인 사고 패턴을 인지하고, 이를 파란 하늘의 뭉게구름처럼 멀리 날려 보내는 연습을 해보자.
- **당신이 중요하게 생각하는 내용을 말해 보자.** 당신에게 중요하지 않은 내용을 말하는 이유는 무엇인가?
- **낙관적으로 생각하자.** 긍정적이고 쾌활하게 행동하다 보면, 부정적인 생각을 부정하게 될 것이다. 오늘 하루만큼은 모든 사람과 모든 대상을 긍정적으로 생각해 보자. 그리고 그 기분을 느껴보자.
- **자신을 포기해서는 안 된다.** 자신의 최고 후원자이자 팬이 되자! 자신을 믿기 시작하면 쉽게 따라갈 수 있다.
- **삶을 사랑하자.** 당신이 삶을 사랑하는 순간, 삶도 당신을 사랑하게 될 것이다. 바로 지금 시작해 보자.
- **머리를 비우자.** 유머 감각을 유지하고, 자기 인식과 한 가지만 지나치게 깊이 생각하는 행동을 혼동해서는 안 된다.

【 사례 연구 】

29살의 클레어(Clare)는 회사를 운영하고 있는 웹디자이너다. 그녀는 자신감으로 가득 찼으며, 외향적인 성격에, 사교적인 생활을 즐긴다. 우리는 서로 알던 친구를 통해 친해지게 되었다. 클레어는 내가 이 책을 집필하고 있다는 소식을 듣고, 자신의 학창 시절 이야기를 들려줬다.

리버풀이 고향인 클레어는 노동자 계층의 대가족 속에서 성장했다. 그녀의 부모는 클레어가 학교생활을 잘할 수 있도록 언제나 격려했다. 특히, 어머니는 "인생을 즐겨. 여기 있는 다른 아이들처럼 한탄만 하고 인생을 끝내선 안 돼."라고 그녀에게 힘을 실어줬다.

클레어는 지방 사립학교에서 우수한 성적으로 학위를 받은 후, 역사학을 공부하기 위해 케임브리지 대학교에 입학했다.

클레어는 말했다.

"케임브리지에서 입학 통지서를 받았을 때, 하늘을 나는 기분이었고, 자신감으로 충만했어요. 저는 입학 날까지 리버풀에서 기다릴 수 없어 바로 새로운 인생을 찾아 떠났지요. 그러나 시작부터 참담함을 느꼈어요. 고향에서는 나름 유명했던 저는 수많은 사람들의 인사를 받으며 케임브리지로 향했어요. 하지만 케임브리지에 도착했을 때 전 완전히 하찮은 존재였어요. 심지어 멍청하게 행동했으며 학교 분위기에 압도당했어요. 친구들은 다들 대단한 집안 출신들이었으며, 모두 상류층의 발음을 구사했지요. 저는 입을 떼는 것도 두려웠어요.

첫 학기는 완전히 최악이었어요. 저는 겨우 한두 명의 친구를 사귀었는데, 그들도 수줍음이 많은 책벌레 스타일이었어요. 저는 절망감을 느끼며 첫 번째 크리스마스를 보내기 위해 고향으로 돌아왔지요. 그리고 케임브리지로 돌아가고 싶지 않다는 생각이 들었어요. 저는 엄마에게 케임브리지라는 곳이 어떤지, 그곳에서 제가 얼마나 비참함을 느끼고 있는지 모든 사실을 털어놓았어요. 하지만 엄마는 현명했어요. 엄마는 내가 케임브리지에 들어가기 위해 얼마나 어렵게 공부했는지 상기시켜줬으며, 제가 그 자리를 누릴 수 있는 사람이라고 깨우쳐주셨지요. 당시 제 자존감은 바닥이었어요. 하지만 엄마는 제가 정신을 바짝 차리고 전력을 다해야 한다고 충고했어요.

저는 머리를 새로 자르고 배짱 좋게 행동하기로 결심했지요. 비록 자신감이 없더라도 자신 있게 행동하기로 마음먹었어요. 저는 학교로 돌아가자마자 드라마 클럽에 가입했으며, 그곳에서부터 모든 것이 달라졌어요. 친구들을 사귀었고 유명세를 얻기 시작했어요. 그러자 갑자기 온 세상이 아름다운 곳으로 바뀌었지요. 저는 지금도 자신감이 위기를 맞을 때마다 당시를 회상하며 제가 얼마나 절망적이었는지, 그리고 저를 바꾸기 위해 어떤 결정을 내렸는지 떠올리곤 해요. 제가 자존감이 낮았을 때를 다른 사람들에게 이야기하면, 그들도 자신의 기분을 바꿀 수 있는 힘을 갖게 되고 다르게 행동하기 시작하지요. 변하고 싶다는 확고한 결심만이 긍정이라는 이름의 공을 굴릴 수 있어요."

연습하기

용기를 내어 승자처럼 행동하기

피해자가 됐었던 상황을 생각해 보자.

1. 당시의 상황 :

....

지나치게 타인에게 순응했던 당시의 행동 방식을 설명해 보자.

2. 나는 행동으로 피해자처럼 행동했다 :

....

그리고 이런 방식으로 행동했던 당시 감정은 어떠했는가?

3. 나는 느꼈다 :

....

피해를 입고 있었을 때 어떤 생각을 했는가?

4. 나는 ……라고 생각했다 :

....

당신에게 피해를 준 사람에게 당시의 상황을 둘러싼 당신의 생각과 감정에 관해 어떤 메시지를 전달할 수 있는가, 아니면 이 같은 행동을 할 수 없는가?

5. 나는 ……같은 생각과 감정을 표현했다/표현하지 못했다 :

....

6. 이제 다음의 중요한 질문에 답해 보자.

- 당신의 진정한 생각과 감정이 당신에게 피해를 준 사람에게 전달하려는 메시지와 일치하는가?
- 당신의 대답이 '아니오.' 라면, 그 이유를 자문해 보자.
- 당신은 이 상황에서 진정으로 필요한 것을 왜 설명하지 못하는가?
- 진실을 표현한다면 다음에 일어날 일이 두려운가?
- 자신을 지지한다면, 일어날 수 있는 최악의 일은 무엇인가?
- 자신의 경험에 책임을 질 수 있는가? 혹은 어떤 대상 또는 사람에게 당신의 인생에서 일어난/일어나지 않은 일을 비난하고 싶은가?
- '아니오.' 라고 말하는 것이 어려운가?
- 그렇다면, 그 이유는 무엇인가? 진정으로 의미하는 바를 말한다면, 다른 사람들이 당신을 좋아하지 않을 것을 걱정하는가?
- 당신의 인생에 대해 당신이 생각하는 것보다 다른 사람들이 생각하고 있는 것이 더 신경 쓰이는가?

이제 본래의 피해당했던 상황으로 돌아가서 대본을 간단하게 고쳐보자. 단호한 접근법을 사용해 2번 질문의 답을 바꿀 수 있겠는가? 답을 현재형으로 작성하게 되면 새로운 현실을 만들 수 있다.

7. 나는 이 상황에서 ……하게 단호하게 행동했다.

이 연습문제에서의 새로운 답이 다른 답에 어떤 영향을 미쳤는 가? 다른 시나리오를 상상해 보자. 그리고 새로운 역할을 맡아서 진 짜로 단호하게 행동해 보자. 높은 자존감을 가진 사람이 될 것이다. 자기주장을 견지하기 어려울 때마다 이 방법을 사용하면 도움을 받 을 수 있을 것이다. 당신이 처한 상황에서 실제 이유에 직면한다는 것은 쉽지 않은 일이다. 그러나 자신에게 이렇게 중요한 질문을 계 속 던진다면, 모든 것이 확연하게 드러날 것이다.

5번 질문에 답한 후, 당신의 진정한 생각과 감정을 설명했음에도 불구하고, 왜 여전히 이 상황에 처해 있는 것인가? 당신이 피해를 입고 있으며, 불쾌감을 전달했음에도 불구하고 당신에게 피해를 주 고 있는 사람이 변화하지 않는다면, 두 가지 선택 방법이 있다. 계 속 그 자리에서 영원히 이용당하거나 홀가분하게 떠나는 것이다.

당신을 이런 방식으로 대하도록 만든 사람은 바로 자신이라는 사 실을 언제나 기억해야 한다. 이 문제에 대해서는 어느 누구도 비난 할 수 없다. 잠재적인 가해자가 당신의 인생에 들어왔을 때, 그들에 게 행동을 바꿀 것을 가르쳐야 한다. 그럼에도 불구하고 그들이 계 속 괴롭힌다면, 그때에는 떠나면 된다. 당신이 상황을 압도할 수 있 어야 한다. 즉 상황을 건설적으로 통제하고, 단호하게 행동하며, 자 기 존중감과 높은 자존감을 가져야 한다. 용기를 내야 진정한 승자 가 될 수 있다. 긍정적인 행동은 언제나 새롭고 자신감에 찬 에너지 를 만들 수 있기 때문이다.

4일차 | 검토하기

4일차 핵심 생각

- 자신을 둘러싼 세상과 맞붙을 준비가 되어 있을 때, 승리할 수 있다!
- 자신이 진짜가 될 때(현실적이고 진실해질 때), 행동이 자연스럽게 단호해진다.
- 다른 사람에게 나를 대하는 방법을 가르쳐야 한다.
- 자기 믿음 + 긍정적 감정 + 단호한 행동 = 승리의 결과
- 자존감이 낮을 때는 피해자처럼 행동하고, 자존감이 높을 때는 승자처럼 행동할 것이다.
- '피해자' 행동은 공격적이거나 수동적일 수 있으며, 이 둘 사이에서 어중간할 수도 있다.
- 할 수 있다고 생각한다면 할 수 있다. 즉 생각하고 행동으로 옮겨야 한다!
- 당신이 어떤 대상 혹은 누군가를 비난할 때마다, 자신이 가진 힘을 버리고 있다.
- 당신의 욕구가 먼저인지 다른 사람의 욕구가 먼저인지 판단하는 것은 어려울 수 있다.
- 행동은 언제나 의도가 있어야 한다.
- 유머 감각을 유지하여, 자기 인식과 끝없이 한 가지만 생각하는 행동을 구분 지을 수 있어야 한다.

4일차에 지켜야 할 3가지 행동 수칙

1. 오늘의 생각을 기록해 보자.
   예 : 나는 언제나 다른 사람의 나에 대한 생각을 걱정하고 있으며, 이 행동이 나를 가로막고 있다.

2. 이러한 생각 이면의 패턴(생각/감정/행동)을 생각해 보자.
   예 : 나는 학교에서 괴롭힘을 당했으며, 내가 사람들을 좋아하고 있는 것처럼 사람들도 나를 좋아할 것이라고 믿으려고 노력했다. 그러나 나는 혼자서 지내야 했고 친구가 많이 없었다.

3. 반응을 바꿀 수 있는 행동 방침을 세워보자.
   예 : 나는 사회 공포증을 극복하기 위해 강력한 목표를 세웠다. 그렇지 않으면 결코 새로 시작할 수 없었을 것이다. 나는 헬스장에 나가고 있으며, 도예 수업을 듣기 시작했다.

이 3가지 행동 수칙을 시작해 보자.

나만의 개인적인 견해 :

....

....

....

견해 이면에 있는 패턴 :

....

....

....

나의 행동 방침 :

....

....

....

5일

자기 인식 높이기

우리는 탐험을 멈추지 않을 것이네
그리고 우리의 탐험이 모두 끝나는 날
우리가 출발했던 곳으로 돌아오리라
그리고 그곳이 어디인지 처음으로 알게 되겠지.

- T S 엘리엇(T S Eliot, 시인)

5일 | 자기 인식 높이기

들어봐. 그리고 내면에 자신을 위한 길을 만들어야 해.
다른 방식으로 바라보는 걸 멈춰야 해.

– 루미(Rumi, 시인)

난관에 부닥치고 모든 일이 제대로 풀리지 않을 때마다, 자존감이 바닥으로 떨어졌다는 사실을 알게 된다.(또다시!). 자신이 연약하고, 비난받고 있으며, 사람들로부터 거부당하고 인정받지 못한다고 느끼고 있다면, 어떻게 해야 자신이 쓸모없고 무가치한 사람이라는 것은 '입증하는' 낮은 자존감으로 향하는 하향 나선으로 추락하는 것을 막을 수 있을까?(그림 6a 참조. 136쪽)

처음으로 자신을 의심하기 시작했다면, 그런 식으로 '바라보는' 것을 멈추고 대신에 '내면에 자신을 위한 길'을 만들어야 한다. 즉 자존감이 낮을 때 자신을 돌봐야 한다는 것이다.

밖을 바라보는 대신 안을 들여다봐야 한다. 사람들은 어떤 일이 잘못됐을 때 비난할 대상을 찾기 때문에, 이 방법은 처음에는 어려울 수 있다. 그리고 비난은 자신의 힘을 빼앗아가기 때문에 언제나 낮은 자존감으로 이어지며, 그 결과 경험을 강화시킬 수 없게 된다. 예를 들어, 당신에게 일어난 어떤 일이 내 잘못이라고 생각한다면,

당신의 인생에 영향을 미칠 수 있는 모든 힘을 나에게 쏟고 있는 셈이 되는 것이다. 즉 자신의 책임을 나에게 떠넘겨버리고, 피해자가 된 것이다. 그리고는 곧 자존감이 바닥으로 떨어지게 될 것이다. 하지만 당신 자신을 비난한다고 하더라도, 부정적인 하향 나선으로 떨어지게 될 것이다.

이제 우리는 긍정적인 자기 믿음이 높은 자존감을 낳고 부정적인 자기 믿음이 낮은 자존감으로 이어진다는 것을 알고 있다. 우리가 시작점으로써 선택한 것에 따라 자기 충족적인 예언을 하게 될 것이다. 그림 6a와 6b(136쪽)는 이것이 작동하는 방법을 정확하게 보여주고 있다.

멋진 기분으로 잠에서 깬 어느 날을 상상해 보자. 자신감에 차 있고, 행복하고 여유가 있다. 이렇듯 자신을 믿고 있으면, 무엇이든 가능해진다. 긍정적인 기대감을 가지고 있기 때문에, 자신에게 유리한 상황을 유심히 살피게 된다. 행동은 효과적이며 단호하고, 자존감은 더욱 높아지게 될 것이다. 그 결과, 내면에 있는 자기 믿음도 강화된다.(그림 6b 참조. 136쪽)

이제 모든 것이 제대로 돌아가지 않는 어느 하루를 상상해 보자. 우울하고 불안할 것이다. 이것이 어떤 느낌인지 잘 알 것이다. 다른 사람들은 모든 것을 누리는 것처럼 보일 것이다. 즉 당신을 제외한 모든 사람은 각자 행복한 생활을 살고 있는 것처럼 보인다. 사람은 이런 기분에 빠져 있을 때에는 자신에게 최악의 일이 일어날 것이라고 생각하게 되고, 실제로 그 일이 현실로 나타난다. 이럴 때에는 멋진 기회가 다가오더라도 그 기회를 놓치게 되거나 스스로 그 기회를 누릴 가치가 없다고 생각하게 된다. 스스로 결정을 내릴 수 없는 상태이기 때문에, 어떤 행동을 하더라도 효과가 없을 것이다. 그리고 그날은 당신이 진실이라고 믿고 있는 대로, 모든 일이 벌어지

그림 6a. 부정적인 하향 나선

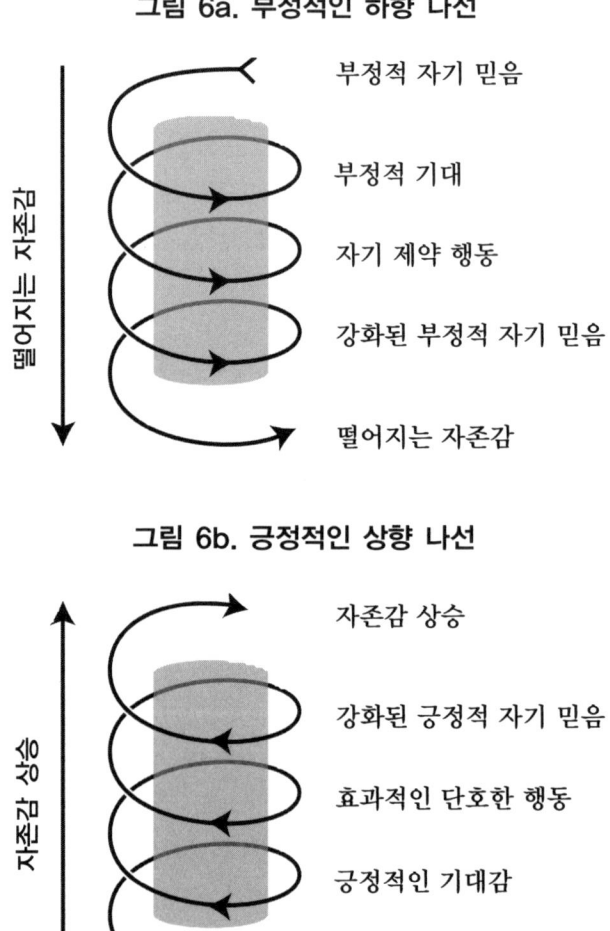

부정적 자기 믿음

부정적 기대

자기 제약 행동

강화된 부정적 자기 믿음

떨어지는 자존감

떨어지는 자존감

그림 6b. 긍정적인 상향 나선

자존감 상승

강화된 긍정적 자기 믿음

효과적인 단호한 행동

긍정적인 기대감

긍정적인 자기 믿음

자존감 상승

게 될 것이다. 그 결과, 당신의 자존감은 바닥으로 떨어지게 되고 이것은 다시 본래 가지고 있었던 부정적인 자기 믿음을 강화하게 된다.(그림 6a 참조)

자기 인식의 마법

긍정적인 행동반경은 확실하게 존재하는 장소지만, 지나치게 성급하게 자신의 부정성을 무시하려 들어서는 안 된다.(원치 않는 것을 없애려다가 소중한 것까지 잃게 될 수 있다.)

1일차에서 자기혐오와 낮은 자존감의 밀접한 관계를 살펴보았다. 이때 자신의 부정적인 패턴과 긍정적인 패턴이 눈에 보이기 시작한다면, 자기혐오와 자존감의 관계를 기억해야 할 것이다.

사실, 좋아하지 않는 누군가를 인정하고 포용하는 것보다, 우리가 바라는 자신의 모습을 알고 인정하는 편이 훨씬 쉽다. 그러나 그것이 무엇인지 정확하게 알지 못한다면, 서투른 습관적인 패턴을 바꿀 수 없을 것이다.

캘리포니아 대학교에서 실시한 연구에 따르면, 사람들이 패턴을 반복할수록 패턴은 점점 더 강력해지는 것으로 나타났다. 반면에 패턴을 사용하지 않게 되면, 점점 약해진다.

따라서 자기 인식은 중요하다. 그리고 자신의 습관적인 반응을 잘 알아둘 필요가 있다.

이를 통해, 자신에게 유리한 반응은 개발하고 그렇지 못한 것은 바꿀 수 있다. 이것은 성공과 행복을 위한 매우 중요한 방법이다.

자기 인식은 변화의 힘을 가지고 있다.

자신을 알게 되면 마음을 열고 새로운 경험을 할 수 있게 되며 에너지와 이해심을 불어넣을 수 있다. 그런 자기 인식은 어느 순간 갑자기 이루어질 수 있고, 그렇지 않다면 아주 천천히 다가올 수도 있다.

하지만 어느 쪽이든 변화하고 있다는 것을 느끼게 될 것이다.

자기 인식의 순간이 왔다고 생각해 보자. 당신은 자기 비판적인 생각에 사로잡혀 있거나, 누군가를 부정적으로 판단하고 있을 것이다. 그러다 갑자기, 자신이 무엇을 하고 있는지 깨닫게 될 것이다. 그리고 친구에게 친절하게 대해야겠다는 생각이 들고 그것이 얼마나 멋진 일인지 깨닫게 될 것이다. 혹은 상황에 대한 새로운 시각을 갖게 되어 다른 사람의 입장에서 생각하고 사물을 바라볼 수 있게 될 것이다.

자신이 얼마나 쓸모없고 끔찍한 사람인지 '입증해야' 한다고 생각하더라도, 자신을 인식한다는 것은 자기 개발에서 중요한 요소다. 가능하다면, 자신을 판단하는 행동에서 한발 물러서보자.

자신을 인식할 줄 아는 시각으로 보다 명확해지고 지혜와 자신감을 갖출 수 있게 될 것이다.

즉 자신의 패턴을 이해하게 되어 원치 않는 부정적인 패턴을 바꿀 수 있게 될 것이다!

자신감을 위한 조언
긍정적인 자질을 인식하자

자신의 긍정적인 생각과 행동, 방법을 인식하게 되면, 그 효과를 높일 수 있다.

예 :

나는 감사의 감정을 알고 있으며, 그것을 알고 있다는 사실이 기쁘다. 그리고 그것은 내 본래 감정의 강점을 강화시킨다.

나는 두려움에 직면했을 때 침착함을 유지할 수 있기 때문에, 나의 용기를 존중한다.

나는 비관적인 생각을 낙관적인 생각으로 바꿨다. 그리고 낙관적인 생각의 잠재력을 깨닫게 됐다.

다음의 긍정적인 특징을 살펴보고 당신을 설명할 수 있는 3가지 항목을 선택해 보자.

- 친절하다
- 용감하다

- 마음이 따뜻하다
- 충직하다
- 단호하다
- 열정적이다
- 사려 깊다
- 친하다
- 예민하다
- 낙관적이다
- 생각이 깊다
- 타인을 돕는다
- 열정적이다
- 배려심이 있다
- 다정하다

자신을 설명할 수 있는 세 가지 자질을 선택해 보자. 각각의 자질은 강화시킬 수 있기 때문에, 각 자질을 더욱 개발시킬 수 있다. 자신에게 이렇게 말해 보자. 예를 들자면 다음과 같다.

나는 친절하다.
나는 용감하다.
나는 마음이 따뜻하다.

자신을 개발하자

누군가를 알게 된다는 것은 둘 사이에 신뢰를 쌓아간다는 것을 의미한다. 그리고 둘 사이의 관계는 신뢰를 통해 발전된다. 자신을 알기 위해서는 다른 사람과의 관계를 개선하기 위해 필요한 것과 비슷한 수준의 노력이 필요하다. 자신을 형편없게 취급하고 자기 비판적인 행동을 하고, 자신을 비난한다면, 자신에 대한 신뢰는 사라져버리고 자신과의 관계도 수렁에 빠지게 될 것이다.

자기 인식은 자기 개발을 필요로 한다. 그렇다면 자신을 개발한다는 것은 정확하게 무엇을 뜻하는 것일까?

당신이 어리고 무력한 아이를 대하는 방법을 생각해 보자. 아이가 배가 고프다면 아이에게 음식을 먹일 것이다. 아이가 울고 있다면, 위로해 줄 것이다. 아이가 실수를 저질렀다면 용서할 것이다. 그리고 아이가 넘어졌다면 일으켜 세우고 다시 걸을 수 있게 도와줄 것이다. 당신은 모든 방법을 동원해 아이에게 용기를 북돋워주고, 실수도 개의치 않을 것이다. 아이는 실수를 통해 배울 수 있다는 것을 알기 때문이다.

아이는 사랑을 받고 보호받기 때문에 자랄 수 있다. 아이가 학대받고 비난받게 된다면 배우고 성장할 수 없게 될 것이다. 아이는 당신의 사랑과 보호를 받을 자격이 있기 때문에, 당신 또한 아이를 소중히 대하게 될 것이다. 자신에게도 마찬가지이다.

- 당신은 자신도 이런 방식으로 대접하고 있는가?
- 당신은 자신을 사랑하고 개발하고 있는가?

- 당신이 넘어지면 일으켜 세우고, 슬플 땐 위로하고 있는가?
- 당신이 실수를 저지르면 용서하는가?

이 모든 일을 하고 있다면, 자신을 개발하고 있는 법을 알고 있는 것이다. 당신은 자신의 최고 친구이며, 자기 인식과 자존감이 높은 사람이다. 그러나 자신을 언제나 친절하고 다정하게만 대할 수 없을 것이다. 우리는 자신을 사랑하고 인정하는 것이 어렵다는 것을 알고 있다. 오히려 자신을 비난하는 일이 훨씬 쉽다. 아마도, 자신에게 '충분하지 않다.'는 이유로 화를 내고 있을 것이다.

무엇이 충분해야 하는가? 누구를 위해 충분해야 하는가? 아마도 당신은 완벽하길 바라며, 불완전한 자신을 비난할 수도 있다.

우리는 어렸을 때 사람들이 우리에게 말하는 것과 같은 방법으로 자신에게 말하고 있다. 스스로 인식하고 있는 부적절성/불완전성/실수/무능에 관하여 정말로 '자책'하고 있는가? 왜 자신에게 휴식의 기회를 주지 않는가? 자신을 야단치는 대신, 자기 개발을 해보자. 자신의 독창성을 깨닫고, 자신의 특별함과 빛나는 자질을 기뻐하고, 자신을 내려놓아 보자. 자신을 알고 자신의 모든 면을 사랑할수록, 자기 인정과 자신감, 자존감 같은 감정이 자연스럽게 피어날 것이다.

이 세상에 당신과 같은 사람은 아무도 없다. 당신은 특별하고 고유한 단 한 사람이다. 어떻게 해야 특별하다고 느끼는가? 물론, 그런 생각만으로는 자신을 특별하게 만들어주지는 않는다. 특히 자존감이 낮은 상태라면 말이다.

자신과 타인을 비교하는 행동은 중단해야 한다

몇 년 전, 나는 낮은 자존감의 가장 일반적인 증상 중 하나를 설명하기 위해 '비교 쇼핑'이라는 단어를 만들었다. 그것은 시내 번화가를 돌아다니며 쇼핑을 하는 것처럼 중독적인 행동이다. 사람들은 자존감이 낮을 때 비교 쇼핑을 하게 된다. 즉 자신보다 재능이 있으며 우아하고 지적인 사람과 자신을 비교하기 시작한다. 비교 대상들은 모두 화려하고 행복하며 자신감에 차 있고 카리스마를 가진 사람의 전형이다.

사람들은 자존감이 바닥으로 떨어지면, 끔찍한 상황에서 도피하려고 하고 자신에게 부족하다고 생각하는 재능을 찾기 위해 밖으로 눈길을 돌리게 된다. 그리고 자연스럽게, 행복한 삶을 살고 있는 재능 있고 아름다운 사람들에게 눈길을 주게 된다. 이런 상태에서는, 다른 사람들이 느끼는 것 이상으로 대단해 보인다.

이런 행동은 언제나 가혹하다. 자존감이 낮을 때에는 가장 밑바닥에 있는 자신밖에 보이지 않기 때문이다. 그러면서, 모든 사람들은 확고부동한 긍정성과 천재적인 능력을 가지고 있다고 생각하면서도, 그 모든 사람에 자신을 포함시킬 만큼 '괜찮지 않다.'

그렇지만 다시 한 번 생각해야 한다. 또다시, 자신이 부적절하다거나, 당황스럽거나, 위협받고 있다고 느끼게 되면 잠시 숨을 고르고 생각해야 한다. 그런 모든 부정적인 감정은 결코 당신의 것이 아니며, 그런 감정들은 언제나 자신과 다른 사람을 비교하게 만든다는 것을 말이다.

다음의 그림 7은 그 같은 생각의 작용하는 방법을 나타낸 것이다.

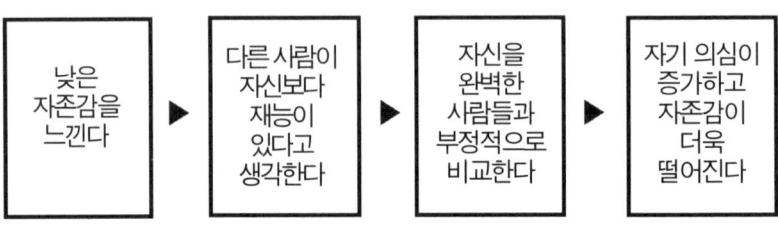

비교 쇼핑은 감정 주도 활동이다.

우리는 논리적으로는 인생에는 기복이 있다는 것을 알고 있다. 언제나 행복하고 안정적이며 자신감에 찬 사람은 없다. 이는 불가능하기 때문이다. 그러나 부정적인 상태(자신을 의심하고, 불가능하다고 느끼며, 피해자처럼 행동하는)에 있을 때에는 이런 합리성을 잃게 된다. 다음번에 부정적인 상태에 빠졌을 때에는, 비교 쇼핑으로 돌진하기 전에 이 사실을 기억해야 한다. 모든 것은 변하고, 상황은 예측할 수 없으며, 모든 사람들은 때로 원하지 않는 상황에 처하게 된다는 사실 말이다.

당신이 모든 일을 올바르게 처리하고, 모든 것이 완벽하며, '괜찮은 상황'에 있을 수만 있다면, 인생은 안전할 것이라는 잘못된 생각은 버려야 한다! 다른 사람과의 경쟁을 멈추고(이 경기에서의 패자는 언제나 당신이다.) 협동과 신뢰를 기반으로 한 관계를 정립할 때에만, 자신감이 돌아올 수 있다. 그 일을 할 수 있을 때 자신의 가치뿐만 아니라 타인의 가치도 존중할 수 있다. 우리는 모두 자신의 방식으로 특별하고 가치 있는 사람이다. 우리가 이 사실을 받아들일 때, 아등바등하는 인생에서 벗어나 상당히 멋진 모험 같은 인생을 시작할 수 있다! 자신의 특별함과 독창성이 어떻게 관련이 있는지 확인하기 위해 다음의 체크리스트를 살펴보자.

> 당신은 유일한 존재다. 자신 존재에 행복감을 느끼고 자신의 특별함을 사랑해야 한다. 자신답게 행동할 때 자신감이 생긴다.

연습하기

독창성 체크리스트

다음의 질문에 예 또는 아니오로 답해 보자.

		예	아니오
1	당신은 변화의 가능성을 좋아하는가?		
2	당신은 혼자 남았다고/배척당했다고 느껴본 적이 있는가? 만약 그렇다면, 고통스러웠는가?		
3	새로운 아이디어를 생각해내면 흥분하는가?		
4	자신을 창의적이라고 말할 수 있는가?		
5	파티에 참가하면 주방에 숨어 있는 유형의 사람인가?		
6	당신은 패션 트렌드에 민감한 사람인가?		
7	당신은 다른 사람과 다르게 느끼는가? 그렇다면, 그 사실이 즐거운가 그렇지 않은가?		

8	당신 자신이 '적합하다' 고 느끼는 곳을 찾고 있는가?	
9	당신은 모험심이 강한가?	
10	자신만의 스타일 감각을 가지고 있는가?	
11	자신이 다른 누군가처럼 보이길 바라는가?	
12	다른 사람들이 당신을 좋아하지 않는다면 화가 나는가?	
13	자신을 위험을 무릅쓰는 사람이라고 생각하는가?	
14	자신이 다른 사람이었으면 좋겠다고 생각하는가?	
15	당신은 유명인 문화에 영향을 받는가?	
16	친구가 명품 신발을 구입했다. 당신도 무언가를 즉시 구입해야 하는가?	
17	다른 사람의 성공으로 자극을 받는가?	
18	다른 사람의 성공으로 도전 의식을 불태우는가?	
19	정상적인 상태에 영감을 받는가?	
20	당신은 특별하다! 이 사실을 믿는가?	

　당신의 대답은 당신의 어떤 면을 표현하고 있는가? 다양성을 즐기는 사람들은 인생을 보다 창의적으로 접근하고, 자신의 특별함을 숨기기보다는 드러내고 즐긴다. 즉 언제 어디서나 주변과 어울리려고 애쓰는 사람보다는 자신감이 충만하다.

　'일반적' 과 '평균적' 이라는 단어는 고유한 의미를 가지고 있지 않다. 사람들은 그 개념으로 자신의 인생을 구성하고 구분 짓기 위해 노력하고 있지만, 타인과 비교하는 삶이나 표준적인 삶은 진정한 잣대가 아니라는 것을 기억해야 한다.

인생에는 '일반적'이라는 정도의 크기 또는 어떤 일을 할 수 있는 '적절한' 방법이라는 의미가 정확히 어떤 것인지 규정되어 있지 않다. 어떤 무리에 들어가려고 한다면, 자신의 완전한 잠재력을 끌어낼 수 없을 것이다. 그리고 누군가를 따라하려고 한다면 자신의 고유한 재능을 인식하고 인정할 수도 없게 될 것이다. 때때로 상황을 오롯이 견디고 달라진다는 것은 매우 어려운 일일 것이다. 하지만 다른 사람과 똑같아지려고 하면서 자신의 정체성을 잃기 위해 노력하려는 이유는 무엇인가?

사람들은 어릴 때부터 주변 사람들로부터 여러 가지 것들을 배우기 때문에, 생각과 믿음은 자신이 속한 문화와 가족에 바탕을 두고 있다. 어떤 방식으로든 제약을 느끼고, 상처 받으며, 매사에 갈팡질팡하고 자존감이 낮다면, 자기 믿음부터 살펴야 한다.

자신과 자신이 속한 세계에 관해 믿고 있는 것은 무엇인가? 이러한 생각은 어디에서부터 시작되는가? 우리가 남들과 똑같아지려고 노력한다면, 그리고 남들과 같은 재능을 가지려고 노력한다면, 우리는 대체 누구란 말인가? 그렇다면, 어떻게 해야 자신의 능력과 역량, 인식, 명석함을 판단할 수 있는가?

그것은 자신이 자신의 내면에 존재할 수 있을 때에만 가능하다. 다시 말해, 오로지 당신만이 당신을 느낄 수 있다. 오로지 당신만이 당신이 어디에서 왔는지 그리고 어디로 가고 있는지 알 수 있다.

모든 사람들은 여러 가지 문제에 직면하고 있다. 그리고 자신의 성장에 동력이 될 수 있는 일련의 행동은 한계로 다가올 수 있을 것이다. 모든 사람들의 강점은 서로 다르다. 나의 약점 또한 당신의 약점이 될 수 없다.

우리의 자존감은 소중하지만 부서지기 쉽기 때문에, 끊임없이 다른 사람과 비교한다면 망가질 수 있다. 내면의 자신감을 개발하기 위해서는 자기 자신을 끊임없이 지지해야 한다. 그리고 자신만의 고유하고 특별하며 놀라운 가치를 깨달아야 한다. 자신의 독창성을 사랑하고, 남들과의 차이를 즐기며, 자신을 자유롭게 느낄 수 있을 때, 자신감과 자존감이 충만해질 것이다.

자신의 특별함을 즐기는 10가지 방법들

1. **아무리 작을지라도 자신이 이루어낸 모든 성공을 칭찬하자.** 당신이 만들어나가는 모든 단계는 중요하지만, 목표를 방해하는 것은 너무나 쉽다. 그리고 그것으로 인해 절대로 '괜찮지' 않은 상황이 생겨난다.
2. **다른 사람의 특별한 자질을 즐겨야 한다.** 다른 사람의 성공은 인간의 놀라운 잠재력을 보여주는 일이다. 다른 사람과 경쟁하려 한다면, 언제나 질 것이다.

   누구나 열심히 노력하지만, 자신보다 뛰어난 성과를 내는 사람이 존재하기 때문이다. 다른 사람의 성공으로부터 배우고, 자신이 경험에서 배운 것을 더해야 한다. 인간의 잠재력은 놀랍다. 잠재력에 압도당하는 대신 가능성을 즐겨야 한다.

3. **자신만의 독창성을 강화해야 한다.** 당신만의 개성이 무엇인지 살피고, 그것을 숨기려는 대신 돋보이게 만들어야 한다. 당신이 남들과 다르다고 느끼는 점은, 당신만의 개성적이고 특별한 독창성을 위한 열쇠가 될 것이다. 하지만, 순응하려고만 한다면 자신의 독창성을 파괴하게 될 것이다. '어울리는' 사람이 되고 싶다고 느낄 때마다, 당신이 느끼는 것은 당신의 개성이라는 것을 깨닫고, 자신만의 개성을 받아들여 돋보일 수 있도록 더욱 꾸며야 한다. 그것들은 당신을 특별하게 만들어줄 것이다.

4. **자신의 외로움을 받아들여야 한다.** 자신의 특별함을 즐길 수 있다면, 외로움도 즐길 수 있다. 때로 사람들은 외로움을 두려워한다. 어느 누구도 우리가 어떻게 느끼는지 이해할 수 없고, 우리가 '존재한다.'는 사실을 알지 못하기 때문에 외로움을 느낄 수 있다. 아무도 당신의 내면을 알아주지 않는 것은 사실이다. 당신만이 당신을 이해할 수 있는 유일한 사람이다. 아무도 당신의 내면으로 들어갈 수 없다. 다른 사람이 당신에 관한 모든 것을 알기를 바라는가? 하지만 외로움이라는 개념은 자유를 의미하기도 한다.

우리는 다른 사람이 우리를 알기를 바라는 기대감을 날려버릴 수 있다. 그리고 다른 사람을 위해 '존재'할 수 없다는 죄책감을 멈출 수 있다. 제한하는 것과 자유로움 – 자신의 선택에 따라 외로움은 이 둘 중 하나가 될 수 있다. 자신의 외로움을 받아들이고 자신으로부터 자유로워지자.

5. **자신의 꿈을 이룰 수 있는 기회를 줘야 한다.** 어떤 식으로든 인생이 바뀌길 남들 몰래 바라본 적이 있는가? 그것이 무엇이 됐

든 시도해 봐야 한다. 다를 수 있다는 위험을 받아들이고, 이것이 어떻게 느껴지는지 확인해 보자.

자존감을 높이기 위해서는 자기 존중이 필요하다. 우리가 다른 사람의 지시에 따라서 인생을 산다면 자신을 존중하기란 어려운 일일 것이다. 당신이 갈망하는 것이 있다면, 시작해야 한다. 자신에게 기회를 주고 최선을 다해 살아야 한다.

6. **불편한 상황에 처할 때마다 '내가 이 일을 진정으로 원하는가?' 라고 자문해야 한다.** 사람은 성장 과정 중 난관에 직면하게 된다. 하지만 그 과정에서 '해야' 하지만 옳다고는 생각하지 않는 일을 해야 하는 순간이 있다. 그럴 때마다 자신의 내면을 들여다보자.

당신만이 그 답을 알 수 있다. 내면 깊숙이 옳지 않다고 느낀다면, 자신이 그 일을 해야 하는 동기를 확인해야 한다. 자신을 희생해가면서 누군가를 즐겁게 하고 있는가? 그 일이 진정으로 가치 있는 일인가? 하지만 정작 당신의 자존감은 위태로운 상태에 있을 것이다.

7. **자신의 진정한 목적을 기억해야 한다.** 동기 분석 전문가 앤소니 로빈스(Anthony Robbins)는 '목표란 인생의 궁극적인 지향점이 아닌, 끝이 없는 수단이다.' 라고 했다.

장기적으로 보았을 때 목표를 달성한다는 것은 행복한 일이 될 수 없다. 내면 깊이, 오랫동안 유지할 수 있는 성취감을 안겨줄 수 있는 목표를 달성하기 위해 장애물을 극복하게 될 때, 그 목표가 당신이 된다. 성취하고 싶은 꿈을 찾는 과정에서, 자신의 내면을 깊이 파고들어야 하는 문제에 직면하게 된다. 그리고 그 과정에서 내면에 있는 자기 의존감과 정신적 회복력, 자신 감을 찾게 될 것이다.

8. **자신에게 최고의 친구가 되어야 한다.** 당신은 어디를 가든, 자아를 데리고 다닌다. 따라서 평생의 동반자에게 친절하게 대해야 한다. 매정하게 비판하거나 매사에 틀렸다고 지적하는 대신, 격려하고 용기를 북돋워야 한다. 예를 들어, 자신에게 최대한 다정하게 '넌 할 수 있어.'라고 말하고, 등을 토닥여 주는 식으로 자신과 소통하는 방법을 바꿀 수 있다. 자신의 의지력과 용기를 칭찬해야 한다. 자신에게서 진정한 영감을 받을 수 있다.

9. **당신이라는 사람이 제공할 수 있는 것이 무엇인지 알아야 한다.** 자신을 판매할 수 있는 상품이라고 생각해 보자. 어떻게 해야 최대한 효과적으로 홍보할 수 있을까? 당신을 판매한다고 할 때, 강점은 무엇일까?

자신을 내일 날짜의 신문에 광고한다고 생각해 보자. 광고 문구는 뭐라고 해야 할까? 자신의 재능과 강점을 200자로 표현해 보자. 망설여서는 안 된다. 이 내용을 진짜로 보고 싶어 하는 사람은 없을 것이다. 그러니 자신을 열정적으로 칭찬해 보자. 과거의 성공과 개인적인 자질을 생각해 보자('성공'을 물질적인 이득과 연관시킬 필요는 없다.)

당신의 사교적인 능력과 내면의 강점을 생각해 보자.(예를 들어, 남의 말을 잘 들어주는 능력도 최고의 재능이 될 수 있다!). 그리고 이 내용을 일기장에 적어보자.

10. **자신의 PR 스승이 되어야 한다.** 당신은 현재 500만 명의 사람

들이 시청하고 있는 공영방송에 출연하고 있다. 전면 거울(TV 카메라) 앞에 서서 자신의 광고 문구를 읽어보자.

어리석고 당황스럽다고 생각하는가? 그렇다면 다시 읽어보자. 자신감을 가지고 자신을 투영할 수 있을 때까지 이 연습을 반복해야 한다. 자존감이 높아질수록 몸짓이 달라지고 있다는 것을 눈치 챌 수 있을 것이다. 긍정적인 자신의 이미지를 투영할 때 당신이 가지고 있는 최대의 자산, 특별하고 고유한 자아를 극대화할 수 있을 것이다.

생각해 볼 내용 : *부정적인 감정을 인식하게 되면, 긍정적인 변화를 받아들일 수 있다.*

【 사례 연구 】

43세의 엘렌(Ellen)은 15살과 10살, 8살 난 세 아이를 둔 주부다. 우리는 엘렌이 초등학교에서 보조교사로 일하고 있을 당시 서로 알게 되었다. 당시 엘렌의 두 아이가 그 학교를 다니고 있었다. 우리가 처음 대화를 나누게 됐을 때, 그녀는 '의욕이 없으며, 주위에서 인정받지 못하고 있고, 자존감이 부족하다.'고 느끼고 있다고 말했다.

나는 엘렌에게 자신에 관한 이야기를 들려달라고 요청했다. 그녀는 자신이 가족의 중심처럼 느껴져 부담스럽다고 토로했다.

"가족들 모두 저에게만 의존하고 있어요. 지난 생일까지는 단한 번도 그 사실을 불편하다고 느껴본 적이 없었어요. 그런데 갑자기 제 자신의 삶이 사라지고 있다는 것을 느끼게 되었어요. 저는 한때 창의적인 사람이었거든요. 그런 제 일부가 사라졌다고 느껴졌어요. 저는 집안일과 시간 맞춰 하던 모든 일을 중단하고 화를 내기 시작했어요. 정말로 끔찍했지요. 잡지에서 '직장과 가정의 균형' 혹은 '자신을 위한 일의 중요성'에 관한 기사를 읽을 때마다 불안한 마음을 느껴야 했지요. 내면으로 화를 내기 시작했어요. 단 한 순간도 자신을 위한 시간을 갖지 못했다는 사실에 화가 났다가도, 가족보다 저를 중요하게 여긴다는 생각에 죄책감을 느끼게 되었어요. 저는 이 두 가지 상반된 감정에 사로잡히게 되었지요. 저는 앞으로 나아갈 방법을 알지 못했고, 심지어 달라질 수 있다는 자신감을 되찾을 수 있는 방법도 알 수 없었어요."

엘렌은 이 상태에 이르자 나에게 연락을 해왔다.

자존감이 바닥을 치면, 우리는 '할 수 있어.' 대신에 '할 수 없어.'라는 마음이 생긴다. 그리고 자신을 의심하게 되어 새로운 계획을 세울 수 없게 된다. 그런 일이 생기게 되면, 인생에서 일어날 수 있는 멋진 가능성을 볼 수 없게 되고, 변화의 가능성은 위협적인 전망으로 변할 수 있다.

엘렌은 자기 믿음을 되찾을 필요가 있어 보였다. 나는 그녀가 자기 믿음을 되찾게 되면, 모든 일이 풀리게 되리라는 것을 알고 있었다. 나는 그녀에게 가장 먼저 일어나기를 바라는 것이 무엇인지 물어보았다. 그러자 그녀는 바로 '집안일을 그만 두고 싶다.'고 말했다.

그녀는 곧장 집안일을 해줄 사람을 구했다. 대부분의 전업주부들은 집안일을 다른 사람에게 맡기는 것이 쉽지 않다는 것을 알고 있다. 그러나 불가능한 일도 아니며 자신의 인생을 필요로 하는 주부들이 해야 하는 일이기도 하다.

엘렌이 자신의 목표를 성취하기 위해 노력하기 시작하자, 가정에서의 모든 일이 달라지기 시작했다. 그녀는 세 아이와 남편 마크(Mark)가 해야 할 일을 적은 주간 일정표를 주방 벽에 붙여놓기 시작했다. 그리고 이 계획을 반드시 진행할 것이라고 결심하고 가족 중 어느 누구도 자신이 맡은 일을 빠져나가지 못하게 만들었다. 이 계획을 시작한 후 두 번째 주가 끝났을 때 그녀는 이렇게 말했다.

"저는 잔소리를 그만하고 싶다는 유혹과 싸워야 했어요. 화장실 바닥에 늘어져 있는 더러운 옷가지를 치우고 싶었어요. 그러나 저는 그 순간을 버텼고 마침내 아이들은 스스로 집안일을 하기 시작했어요. 한 달 후, 가족들은 모두 새 기술을 배우게 되었지요. 그들은 식기세척기 사용법을 배웠고 세탁기에는 흰색 옷과 색깔 있는 옷을 구분해서 넣어야 한다는 것을 알게 되었어요. 그리고 청소기를 돌릴 수 있게 되었고, 저에게 차를 만들어 주기도 했어요. 그리고 남편과 큰아들은 저녁마다 요리를 하기 시작했어요."

두 번째 달에 들어서자, 엘렌은 자신에 대해 완전히 다르게 느끼고 있었다. 그녀는 시간에 구애받지 않았지만, 가족의 삶이 훨씬 조화를 이루고 있다고 느꼈다.

"식구들은 각자 자신의 의무를 다하고 있다고 느끼고 있었고, 저는 더 이상 집안일에 매여 단조로운 일만 해야 한다고 생각하지 않게 됐어요."

　이후, 한 가지 일이 변하기 시작하자 바로 다른 일로 이어졌다. 엘렌은 자신의 오랜 꿈이었던 영어 선생님이 되기로 결심했다. 그녀는 영어 학위를 가지고 있었기 때문에 1년 과정의 PGCE(교사 자격 인증 석사)을 신청했다. 이 과정을 마치게 되면, 중고등학교에서 아이들을 가르칠 수 있는 자격을 갖출 수 있게 되는 것이다. 상담 과정 동안 그녀는 자신이 밝아졌다는 것을 느끼고 있으며, 자신이 불만스러웠던 상황을 인식할 수 있어서 기쁘다고 말했다. 그녀는 "제 인생이 불만족스럽다는 것을 알아채지 못했다면 이렇게 변하지 못했을 거예요. 그리고 나중에 알게 됐다고 해도 어떤 일을 시작하기에 너무 늦었을 수도 있었을 거예요."라고 말했다.

　어느 순간 실망감을 느끼거나 당황스러운 순간을 맞닥뜨리더라도, 자존감이 떨어지게 두어서는 안 된다. 변할 준비가 되어 있다는 사실을 깨닫고, 어떤 종류의 변화가 필요한지, 그리고 변화를 시작할 수 있는 방법을 확인해야 한다. 한 번에 한 단계씩 밟아나가야 한다.

자신감은 개발할 필요가 있는 자질이다

　자신의 인생을 사랑하면 인생도 당신을 사랑하게 된다. 이는 '매력의 법칙'의 역동성을 아름답게 표현한 것이며, 우리가 발산한 모든 것을 끌어들이는 상태를 말한다. 우리는 자기장 안에 살고 있다. 우리가 생각할 때마다 에너지장을 진동으로 충전하게 된다. 좋아하는 것은 좋아하는 것을 끌어들인다. 부정적인 생각 패턴은 모든 부정성을 끌어들이고, 긍정적인 생각 패턴은 모든 긍정성을 끌어들인다.

사람은 자신의 의식에 책임이 있을 뿐만 아니라, 자기 인식에의 총체에도 책임이 있다는 것을 의미한다.(우리가 발산하는 에너지의 진동은 다른 사람들에게 영향을 미친다.)

자기 믿음으로 가득 차 있으며, 기분이 좋고, 다른 사람들에게 긍정의 마음을 행복하게 전달할 수 있는, 긍정적 상향 나선으로 흘러가고 있다면 감정적 상태를 기꺼이 책임진다. 하지만 문제는 우리가 부정성의 하향 나선으로 추락하고 있을 때 이 모든 원리를 기억해야 한다는 것이다. 요정의 가루처럼 자존감을 찾기 어려운, 어느 힘든 날, 생각하는 대로 창조해낼 수 있다는 단순한 사실을 기억하고 자신의 이익을 위해 행동할 수 있어야 한다.

자신감에 찬 사람들은 인생에 건강하게 접근한다. 이는 특정한 상황에 자신을 지지하고 양성할 수 있다는 것을 의미한다. 다른 말로, 모든 경험은 최선의 경험이 될 수 있지만, 불가피하게 발생하는 부정적인 믿음을 바꿀 수 있기도 한다는 뜻이다.

자신감은 누군가에게 주어진 재능이 아니다. 자기 인식을 높이고 부정적인 패턴을 바꾸기 시작하면서 개발할 수 있는 자질이다. 영적 능력 전도사 람 다스(Ram Dass)의 사례를 따라할 수 있다. 그는 자신을 '신경증의 전문가'라고 설명했다. 사람들은 모두 자신만의 '문제'를 가지고 있기 때문에, 이를 포용하고, 연구해야 한다. 그 방법만이 자기 존중감과 자기 인정, 자존감, 행복을 높이는 방법이기 때문이다.

통찰력
자신을 받아들이자

오늘 하루 얼마나 많은 '당신'을 만났는가? 상쾌한 기분으로 잠자리에서 일어나서, 샤워를 하고, 직장으로 향한다. 그리고 회의를 하면서 동료들의 인정을 받아 기뻤다가, 다른 동료로 인해 짜증이 나기도 했다. 그리고 점심 무렵에는 기력을 잃게 되었다. 그리고 한낮이 됐다! 여러 감정의 기복을 겪는 중 당신이 '좋아하는' 감정과 행동을 표현하다가, 좋아하지 않는 감정과 행동을 표현하기도 했다.

• 당신이 오늘 하루 겪었던 감정 상태를 생각해 보자. 그 중에서 행복했던 일만을 모아 목록을 작성해 보자.

....

....

이제 불쾌했던 감정을 생각해 보자.

....

....

받아들이기 힘든 부분이 있었는가?

저명한 심리학자 칼 로저스(Carl Rogers)는 다음과 같이 말하면서 핵심을 짚었다.

"내가 있는 그대로의 나 자신을 받아들여 자신을 변화시키는 것을 호기심의 역설이라고 한다."

우리는 가장 먼저 받아들일 수 없는 점을 놓지 못한다. 우리는 어려운 부분, 그리고 매력적이지 않은 '자신'을 포용할 필요가 있다. 인정할 수 없는 '자신'을 발견하게 되면, 이 부분을 너그럽게 봐줘야 한다. 즉 자신의 부정적인 측면에 관심을 기울여야 한다는 말이다.(화가 나는 이유가 있을 것이다. 참을성이 없다거나, 친절하지 않다거나 등의 부정적인 측면을 말한다.)

자신을 비난해서는 안 된다. 우리 모두 선입견과 편견을 가지고 있으며 그 점에 대해 관용을 보이지 않지만, 우리가 그 모든 것을 인정하고 수용할 때까지 이런 부정적인 측면을 놓아줄 수 없다.

인생의 성과 검토하기

다른 사람들이 당신을 조금이라도 인정하고 당신의 노력을 비난하지만 않았어도 당신의 인생이 보다 쉬웠을 것이라고 생각할 수 있다.

사람은 다른 사람이 자신을 인정하고 긍정적인 피드백을 보낼 때

우호적으로 반응하는 것은 분명한 사실이다. 그리고 다른 사람들이 우리에게 말하는 내용뿐만 아니라 말하는 방법도 중요하다. 심리학자 다니엘 골먼(Daniel Goleman)은 성과에 대한 의견이 전달되는 방법에 관한 내용의 글을 발표한 바 있다. 그는 "두뇌 과학은 긍정적인 면 또는 부정적인 면을 보여준다. 의견이 전달되는 방식에 따라 유쾌한 일이 되거나 저주가 되기도 한다. 회사 상사가 긍정적인 내용을 잘못된 방법으로 전달했다면, 메시지는 정도가 약한 저주가 되어 우울하게 된다."고 말했다.

골먼은 위스콘신 대학교에서 진행했던 신경과학 연구를 언급했다. 그 연구에서 '나는 무엇이든 할 수 있어.'라는 마음 상태에 있을 때 활기가 생기고 전두엽 뒤에 있는 좌뇌가 활동을 시작하게 된다. 그리고 최상의 기운으로 기능하게 된다. 그러나 어떤 동기도 없고 불안함만을 느끼는 우울한 상태인 경우, 우뇌에 불이 들어오면서 부정적인 상태로 변하게 된다.

잘못된 내용에만 중점을 둔 피드백은 '우울함'을 다루는 두뇌 부위를 혹사시키는 상태로 몰고 갔다. 한편, 또 다른 연구에서는 내용을 전달하는 목소리의 톤도 영향을 미친다는 사실을 보여줬다. 연구 참가자들에게 냉정하고 부정적인 목소리로 긍정적인 성과를 전달했을 때, 사람들은 좋은 소식이었음에도 불구하고 기분이 가라앉았다.

나는 이 실험을 통해 자신에게 말할 때에도 목소리의 톤이 중요하다고 생각했다. 당신이 실수를 저질렀거나 흠잡을 데 없이 행동했을 경우 어떤 일이 생길까? 자신의 '성과의 내용'을 쾌활한 톤으로 전달해야 할까 아니면, 가혹하고 자기 비판적인 목소리로 전달해

끔찍한 기분이 들게 만들어야 할까? 당신은 자신을 우울한 상황에 몰아넣어 자기 의심을 만들게 한 타인을 비난할 수도 있지만, 사실 기분이 나빠진 것은 자신의 가혹한 비난 때문이다.

때로, 그룹을 지도하다가 하고 있던 일을 갑자기 중단시키고, 자신의 단점 세 가지를 생각해 보라고 주문할 때가 있다. 사람들은 몇 분 내에 행복하게 단점을 최소 세 가지 이상 생각해낸다. 물론 그 후에는, 자신의 장점 세 가지를 물어본다. 사람들은 장점을 생각하는 데 좀 더 많은 시간이 걸리며, 한 가지도 답하지 못하는 사람이 더러 있다. 왜 그럴까? 자신을 칭찬하는 것보다 깎아내리는 일이 더 쉬운 이유는 무엇일까? 다음의 연습문제를 해보자.

연습하기

자신에 대해 좋아하는 점과 싫어하는 점

1. 자신에 대해 싫어하는 점 3가지

....

....

....

2. 자신에 대해 좋아하는 점 3가지

....

자신을 비난하는 것이 쉽다는 것을 알게 됐는가? 자신을 칭찬하는 것이 어려운가?

마음속으로는(때때로 그리 속 깊은 내용도 아니다) 우리 모두 지나칠 정도로 자기 비판적이다. 심할 정도로 자신감에 찬 사람도 내면에는 꽤 능숙한 자기 비평가를 키우고 있다. 우리가 하는 일마다 부정적인 의견만을 전달하기 때문에 심리학자들은 이를 '흠잡기 목소리'라고 부르고 있다. 당신도 이런 행동을 하고 있는지 의심스럽다면, 눈을 감고 내면으로 곧장 들어가 보자.

밤낮으로, 시간마다, 깨어 있을 때나 자고 있을 때에도, 당신의 마음을 관찰하고, 평가하며, 분류하고, 판단하며, 생각하는 등 끊임없이 어떤 일을 하고 있다. 사실, 당신은 언제나 당신 자신에 관한 이야기를 하고 있다. 하지만 당신이 어떤 말을 하고 있는지, 그리고 어떤 방식으로 말을 하는지 아는 것이 중요하다. 다양한 목소리로 자신에 대해 말을 한다면, 그것들 중 하나는 자신에게 용기를 북돋는 말(할 수 있어, 계속해, 원하는 것을 가질 수 있어……)을 하고 있지만, 내면의 비평가는 끊임없이 '이 일을 할 수 없어, 넌 어떤 일이든 끝까지 해내는 게 없어, 나는 네가 싫어, 너는 성공할 수 없어……' 와 같이 부정적인 메시지만을 던질 것이다.

내면의 비평가는 당신이 과거에 들었던 모든 비난 중 사실이라고 믿고 있는 메시지를 다시 던진다. 그 목소리를 들으면, 어린 시절에 들었던 내용을 기억해낼 수 있을 것이다.

3가지 중요한 고려 사항들 :

1. 내면의 비평가는 언제나 비판하는 일을 하고 있으며 절대로 만족하지 않는다.
2. 당신이 먼저 그 목소리에 권한을 주지 않는다면, 당신에게 절대로 영향을 미칠 수 없다.
3. 다정한 자기 인식은 내면의 비평가에게서 영향력을 빼앗을 수 있다.

내면의 비평가가 작용하는 방법

예 :
딜레마에 직면한 당신은 내면의 비평가가 얼마나 쉽게 승산이 없는 상황으로 만들어내는지 볼 수 있다.

엘라(Ella)는 딸이 아직 어려서 관심과 보호를 받아야 한다고 생각했기 때문에, 아이들이 학교에 들어가기 전까지 전업주부를 하기로 결심했다.
그녀는 '가정주부와 엄마로만 존재' 해야 한다는 생각으로 자신을 한없이 괴롭히고 있었다.

리사(Lisa)는 다시 일하고 싶었기 때문에 어린 아들을 탁아소에 맡기기로 결정했다. 리사의 가족은 돈이 필요했고, 아들은 새로운 환경을 즐길 수 있을 것이라고 생각했다.

하지만 그녀는 자신이 '좋은 엄마'가 아니라는 생각에 끊임없이 자책했다.

이 증후군을 이해할 수 있겠는가? 이 증후군은 다음과 같은 특성을 가지고 있다.

- 어떤 선택을 내리든 실패할 것이라는 생각이 든다.
- 혼란과 심한 죄책감을 느낀다.
- 결정을 내리는 것이 매우 어렵다.
- 낮은 자존감을 느낀다.

연습하기

내면의 비평가

내면의 비평가가 당신의 인생에서 작용했던 사례를 떠올려보자. 당신이 혼란/죄책감/우유부단함/낮은 자존감을 느꼈던 순간을 생각해 보자. 그 상황은 '당신이 어떤 선택을 하든 실패한다.'는 특징을 가지고 있다. 자신을 그 상황에서 자유롭게 만들기 전에, 그 상황이 무엇이든 상황을 주의 깊게 바라보고 충돌하고 있는 감정이 무엇인지 인식해야 한다.

한편, 가능한 행동 방법이 있다 :

....

....

그러나 다른 가능성이 있는 시나리오도 있다 :

....

....

이 두 가지 가능성은 상호배타적이다. 어떤 선택을 하든 어느 면에서는 잘못된 결정을 내렸다고 느낄 것이다. 아직 학교에 입학하지 않은 아이를 탁아소에 맡겨야 할까 아니면 집에서 육아를 해야 할까? 어느 방식을 선택하든 만족하지 못할 것이다. 내면의 비평가는 내가 딜레마에 빠졌다는 것을 알지만, 나는 행동해야 한다. 무엇을 할 수 있을까?

———————————————————————————————

변화와 발전, 높은 자존감의 핵심은 수용이다. 우리는 자신의 모든 측면(장점과 단점, 그리고 어리석은 점까지)을 수용할 수 있어야 한다. 내면의 비평가가 당신에 대해 끊임없이 잔소리를 늘어놓을 것이라는 사실도 받아들여야 한다.(그리고 아주 드물지만 쓸모 있는 말을 할 때도 있다.) 내면의 목소리가 비난하고 야단친다면, 무슨 말을 하고 있는지 정확하게 살펴봐야 한다.

우리는 믿음이 확고하지 않다는 것을 알고 있다. 따라서 자존감을 뒷받침하지 않는다면 변해야 한다. 비난은 비효과적인 학습도구다. 당신이 어떤 방식으로는 '괜찮은 사람이 아니다.' 라는 사실을 믿고 있다면, 성공할 수 있는 자신감이 없다는 의미다.

자존감이 낮다고 느끼면, 자신에게서 사실이라고 믿고 있는 것이 무엇인지 자세히 살펴봐야 할 것이다. 그리고 내면의 목소리에 귀를 기울이고 내면의 비평가에게 자신감을 파괴해도 좋다는 권한을 쥐어줬는지 생각해야 할 것이다.

당신은 믿기 어려울 정도로 특별하고 놀라운 사람이다. 하지만 자신의 품위를 손상시키는 일을 할 때마다 자신을 지지하지 않고 확신하지 않는 부정적인 믿음을 끌어들이고 있다. 이 같은 행동을 인정한다면, 자기 비판적인 행동은 버리고 자신의 실수를 용서하고 사랑과 믿음을 보여야 한다. 내면에 도사리고 있는 비평가가 아는 척을 할 때마다. 다음과 같이 말해야 한다.

확언 : *나는 내가 할 수 있는 최선을 다하고 있다. 나는 소중하고 사랑스러운 존재이며, 사랑과 지지를 받을 만한 사람이다.*

이것은 어떤 방식으로든 변화가 필요한 사람이라면 변화할 수 있는 힘과 의지가 될 수 있는 말로써, 당신의 진정한 가치를 상기시켜 줄 수 있다. 자신이 얽매인 것으로부터 벗어날 때, 창의적이며 단호하고 자신감에 찬 사람이 될 수 있을 것이다. 자기 인식을 높인다면, 자신이 생각하는 것보다도 훨씬 대단한 사람이라는 것을 알게 될 것이다. 내면에서 답을 찾을 때마다, 그 안에는 자기 개발과 발전을 위해 필요한 모든 해답을 가지고 있다. 자신을 사랑하고 소중히 여기는 것, 자신에게의 최고의 친구가 되는 것 말이다. 이 관계는 영원히 지속될 것이다!

5일차 | 검토하기

5일차 핵심 생각

- 자존감이 낮을 때에는 자신을 격려해야 한다. 밖을 바라보는 대신 시선을 안으로 돌려 내면을 들여다보자.
- 자기 믿음은 자기 충족적인 예언을 낳는다.
- 반복적으로 패턴을 강화할수록 더욱 강력해질 것이다. 하지만 그 행동을 중단한다면, 점점 약해질 것이다.
- 자기 인식은 변화의 힘을 가지고 있다.
- 자신의 긍정적인 자질을 인식해 효과를 강화시킬 수 있다.
- 자신의 모든 점을 알 수 있다면, 자신감과 자존감을 자연스럽게 만개할 것이다.
- 이 지구상에 당신과 같은 사람은 존재하지 않는다. 당신은 유일한 사람이며 완전히 특별하고 고유한 존재다.
- 모든 것은 변한다. 상황은 예측 불가능하기 때문에 사람들은 때로 원하지 않는 상황에 직면할 수도 있다.
- 자존감이란 소중하지만 깨지기 쉬운 것이다. 따라서 끊임없이 다른 사람과 비교한다면 결국 파괴될 것이다.
- 당신의 꿈에 기회를 줘야 한다.
- 자신이 할 수 있는 일을 알고 존중해야 한다.
- 자존감은 재능이 아니다. 부정적인 패턴을 바꿈으로써 개발할 수 있는 자질이다.
- 자신의 '신경증의 전문가' 가 되어야 한다.

- 당신이 권한을 부여하지 않는다면, 내면의 비평가는 어떤 힘도 없다.

5일차에 지켜야 할 3가지 행동 수칙

1. 오늘의 생각을 기록해 보자.
   예 : 나는 자신에 대해 높은 기대감을 가지고 있기 때문에 무슨 일을 하던 만족감을 느끼지 못하고 자기 존중감을 가지고 있지 않다.

2. 이러한 생각의 패턴(생각/감정/행동)을 생각해 보자.
   예 : 어머니는 내가 하는 모든 일에 비판적이었다. 나는 절대로 어머니를 행복하게 하지 못했다는 생각을 가지고 있다.

3. 반응을 바꿀 수 있는 행동 방침을 세워보자.
   예 : 머릿속에 가혹한 비판의 목소리가 들리기 시작할 때(엄마의 목소리를 닮았다)를 인식하기 시작했다. 그리고 자신에게 이전보다 다정해졌으며, 나는 괜찮다고 확언하기 시작했다. 이 방법은 효과가 있다!

이 3가지 행동 수칙을 시작해 보자.

나만의 개인적인 견해 :

견해 이면에 있는 패턴 :

나의 행동 방침 :

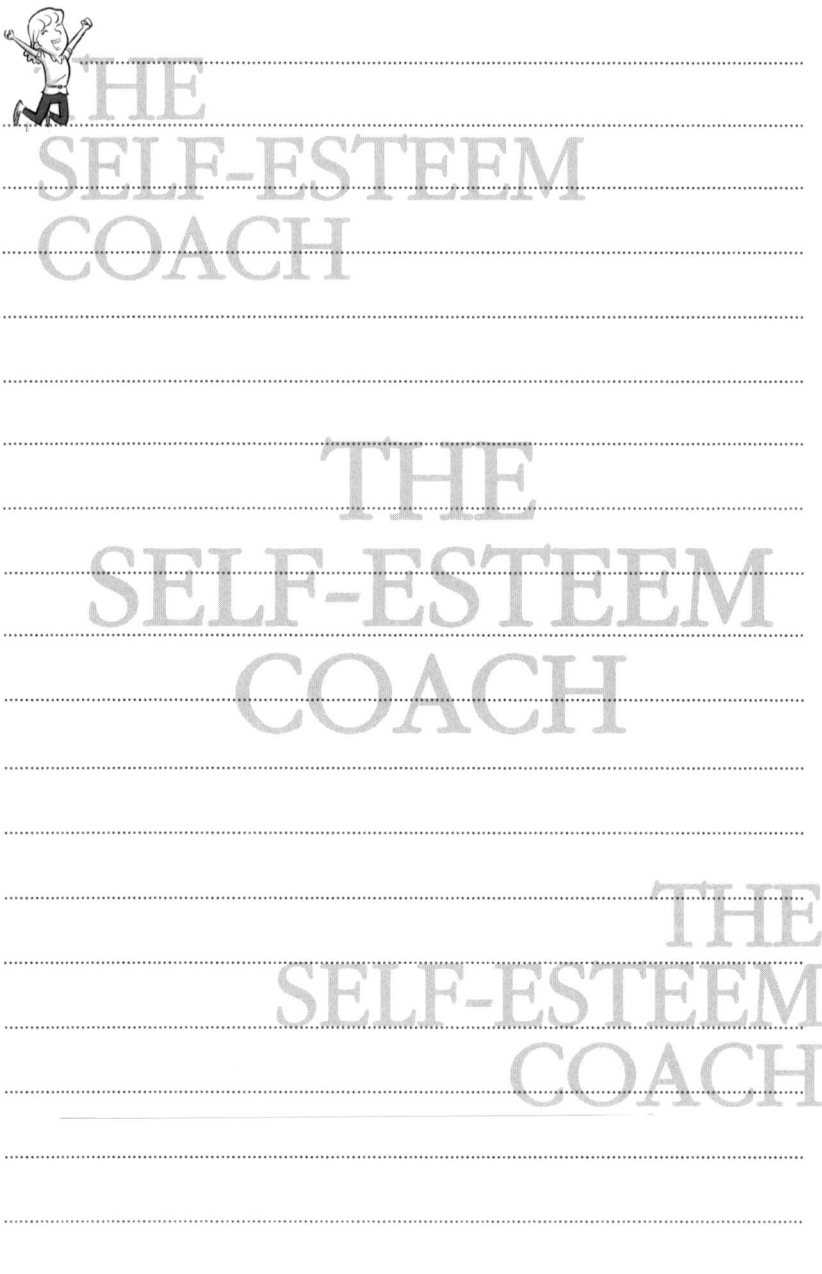

제2부

인생을 위한
자존감

6일

동기 부여하기

욕구는 동기 부여의 열쇠다. 그리고 끊임없이 목
표를 추구하기 위한 확고한 노력이자, 성공을 달
성할 수 있는 미덕이기도 하다.

– 마이클 조던(Michael Jordan, 운동선수)

6일 | 동기 부여하기

자신과 타인을 위해 성실하게 행동한다는 것은 그 사람의 본질이
자, 가장 정확하게 표현한 것이다.

― 스테판 R. 코비(Stephen R. Covey, 작가)

앞선 두 개의 6일 인용문을 보면서 나는 동기를 부여받는다는 것
이 복잡한 문제라는 사실을 다시 한 번 깨달았다. 사람은 자신이 그
토록 염원하던 목표를 달성할 수 없는 이유로 동기 부여를 받지 못
했기 때문이라고 말하곤 한다. 그러면서 목표를 달성하기 위해 행
동으로 옮길 수 있는 방법을 알고 싶어 했다. 그러나 나는 그들이
얼마나 그 목표를 '염원했는지' 묻고 싶었다. 수년간 여러 사람을
코치해온 결과, 누군가가 무언가를 진정으로 원한다면 스스로 방법
을 찾게 되고, 원하지 않는다면 '나는 동기를 받지 못했어!' 라는 케
케묵은 변명을 늘어놓는다는 것을 알고 있다.

나는 예전에 동기 부여에 관한 내용의 글을 여러 번 발표한 경험
이 있지만, 사람들이 진정으로 동기 부여의 다면적인 본질을 이해
하고 싶다면 새로운 방법으로 '분석' 할 필요가 있다고 생각한다.

'자신감' 과 '행복' 을 외부적인 목표로써 개념화하려는 것처럼(예:
나는 자신감이 필요해, 나는 행복해지고 싶어.), '동기 부여' 도 객관화

할 필요가 있다.(예: 동기가 있었다면, 나는 그 일을 할 수 있었을 거야.) 그리고 사람들은 그렇게 말하면서(우리는 언제나 그렇게 말하고 있다.), 자신과 자신이 추구하던 자신감/행복/동기 부여에 거리를 둔 결과, 그런 목표를 달성할 수 없는 것처럼 보이게 만들었다. 하지만 자신이 추구하려는 목표를 외적인 것이 아닌 내면의 상태라고 기억해야만, 목표를 현실화하기 위해 노력할 수 있다. 더 이상 허상 같은 동기 부여에만 매달리지 않고, 자신의 열정과 에너지, 노력으로 목표를 이룰 수 있는 방법을 이해해야 한다.

동기가 결여되어 있기 때문에 원하는 목표를 달성할 수 없다는 생각으로 다시 돌아가 보자. 당신이 지금 그 상태일 수도 있다. 아니면, 사람들 모두 그 상태이기 때문에 의심할 여지도 없이 자신의 상태를 인지하지 못하고 있는 것일 수도 있다. 목표를 가지고 있지만 그것을 실행하지 못한다면, 매우 당황스럽고 자신감이 떨어지는 일일 것이다.

우리는 그 상태에서 절망에 빠져본 적이 있을 것이다. 자존감을 떨어뜨리는 부정적인 하향 나선으로 추락할 만큼 부담이 되는 자기 비난의 말(이걸 왜 같이 할 수 없어? 도대체 무슨 문제가 있는 거야? 나는 정말 느림보야, 자신을 절대 존중할 수 없어.)을 던지면서 끝도 없는 해야 할 일 목록을 적고 있지 않은가?

동기 부여란?

나는 이 주제를 종합적으로 연구했다. 나는 수많은 사람들에게 동

기 부여와 관련이 있는 것이 무엇이라고 생각하는지 물어본 적이
있다.

　다음의 방사형 도형은 연구의 결과물이다. 당신과 관련이 있는 것
이 있는가? 아니면 추가하고 싶은 내용이 있는가?

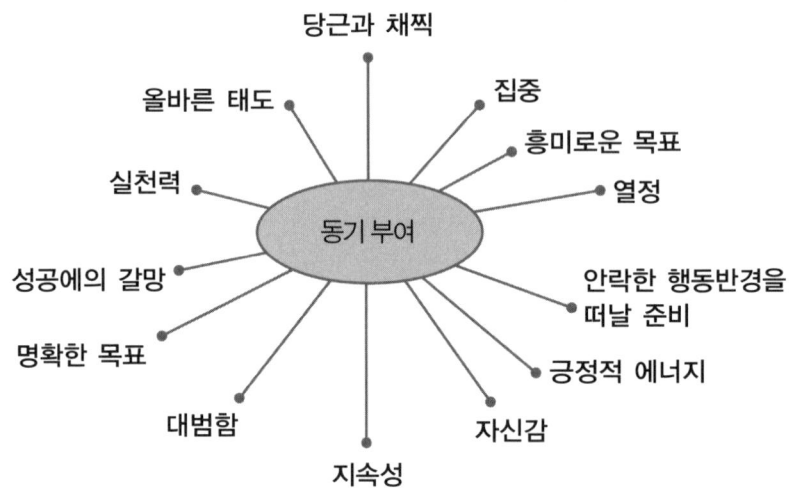

〈 그림 8. 동기 부여 도형 〉

올바른 태도 : 이 항목에는 여러 가지 내용을 포함할 수 있지만
그 근원에는 자신과 목표, 그리고 목표를 이루는 과정, 목표에 대
한 노력이 있다. 나는 자신을 위해 노력한다는 생각을 좋아한다.
그것은 본질적인 자기 가치를 표현하는 좋은 방법이기 때문이다.

당근과 채찍 : 나는 개인적으로 이 이미지와 상당히 관련이 있다.

그리고 고객에게 이 방법을 자주 사용하는 편이다. 자기 인식이 높아질수록 자신에 대해 꽤 잘 알게 된다. 다시 말해, 목표를 향해 나아가야 할 방법을 이해하게 된다.(자신에게 얼마나 많은 부담을 가해야 하는지, 그리고 그와 함께 어떤 보상을 해야 하는지 등.)

나는 극도로 빡빡한 마감일을 앞두고 이 책을 쓰고 있다. 때문에 어느 정도 일정한 분량의 글을 매일 써야 한다. 이 시간 압박은 나에게 채찍(이는 상당히 효과가 있다.)이지만, 충분한 휴식을 취하지 못한다면 마비가 오지 않을까 공포감으로 몰아넣기도 한다. 그래서 산책과 함께 차 한 잔과 초콜릿 비스킷, 페이스북을 당근으로 삼고 있다.

집중 : 우리가 집중하고 있는 것이 무엇이든 현실이 되고, 목표를 향한 관심은 성공을 위한 전제조건이 된다.

사람은 에너지를 집중하고 상상력을 사용해 목표를 달성한 모습을 시각화할 수 있다. 그런 창의적인 시각화 방법은 무의식적으로 언제든지 사용할 수 있는 강력한 도구다. 하지만 때로는 바라지 않는, 부정적인 결과를 끌어내기도 한다.(예를 들어, 자신이 실패하는 것을 계속 '보고, 듣는다면', 상상하는 것이 현실화될 것이다.)

흥미로운 목표 : 오래된 목표는 성취하기 힘들다. 새로운 목표를 세워 관심을 기울이지 않는다면, 최선을 다하지 않을 수도 있다. 목표를 위한 자신의 열정에 1~10점까지 점수를 매겨보자.(1점은 전혀 노력을 하지 않는다는 것이고 10점은 목표를 위해 완전히 몰두하고 있다는 뜻이다.)

10점 미만으로 점수를 줬다면, 목표 달성을 위한 동기가 없다는 뜻이다. 따라서 이 상태를 벗어나기 위해 노력해야 한다. 흥미로운 새 목표는 노력이 필요하다.(그렇지 않으면 이미 성취했을 것이다.) 따라서 목표를 달성하기 위해 언제나 그 뒤를 좇아야 한다는 것을 기억해야 한다.

열정 : 열정(Enthusiasm)이라는 단어는 '신의 소유' 라는 고대 그리스어에서 파생되었다. 따라서 열정을 신성한 자극이라고도 부를 수 있다. 우리는 열정을 느낄 때에는 즐겁고 통찰력이 있으며 기분이 한껏 고양된 상태다. 이 기분을 유지하고 에너지가 몸 전체를 순환하고 있어 흥분한 상태를 생각해 보자. 목표에 대해 열정적인 상태라면, 이렇게 자극을 받은 에너지는 목표를 향해 나아가기 위해 필요한 연료가 될 것이다.

안락한 행동반경을 떠날 준비 : 이미 알고 있는 안전한 행동반경을 떠난다는 생각보다는, 행동반경의 '확장' 이 필요하다고 생각하는 것이 도움이 될 것이다.(그리고 두렵지 않을 것이다.) 안락한 행동반경은 두 가지 의미를 가지고 있다. (1) 그 안에 있으면 안전하고 자신감이 있으며 편안하고 행복한 장소, (2) 이미 너무 잘 알고 있기 때문에 '안락한' 장소로 만들어 놓은 감옥이 그것이다. 사실 (1)번은 (2)번으로 쉽게 변할 수 있다. 그렇게 바꾸고 있으며, 그렇게 되길 원하고 있기 때문이다. 그러나 사람은 위험 부담의 두려움이라는 관성에 사로잡혀 있다. 자존감이 있는 사람은 여러 가지 선택과 가능성이 필요할 때, 즉 안락한 행동반경을 확장할 순간을 알고 있다. 이런 동기는 개인적인 경험을 확대시킬 수 있다.

긍정적 에너지 : 성공을 위한 절대적인 요건이다. 감정적 낙관주의와 명확한 의도, 목표를 위한 결단력 있는 행동이 모두 이 범주에 속한다. 동기를 부여받기 위해서는 자존감을 높이는 긍정적 상향 나선 안에서 움직여야 한다. 그것은 모든 긍정적 에너지를 포용해야 한다는 의미다.

자신감 갖기 : 자신감과 동기 부여는 함께 움직인다. 즉 자신감 → 동기 부여 → 자신감 상승 → 강력해진 동기 부여, 이런 방식으로 진행된다. 그러나 그것은 내면적인 상태이며 강력한 의도를 가지고 있을 때에만 이루어진다. 목표를 달성하고자 하는 의지를 갖고 있다면, 할 수 있다. 때로 자신감이 없지만, 무슨 일이든 할 수 있다는 신념을 가져야 할 때가 있다. 이는 자신감이 충만하다고 맹신한 후에 발현되기도 한다.(와, 내가 해냈어!). 다시 말해, 자신감이라는 것이 찾아올 때까지 그저 앉아서 기다리기만 해서는 안 된다. 그렇지 않으면, 평생 기다리고만 있을 수 있다.

지속성 : 나는 지속성이라는 항목이 창의성이나 영감, 명민함 같은 항목보다 저평가 받고 있다고 생각한다. 하지만 지속성은 절대적으로 중요한 항목이다.
발명가 토마스 에디슨은 "성공은 10퍼센트의 영감과 90퍼센트의 노력으로 만들어진다."고 말한 바 있다. 우리는 근사한 생각을 가

지고 시작을 하지만, 그 일이 이루어지게 노력해야 한다. 에디슨은 "사람들이 대부분의 기회를 놓치는 이유는 기회는 작업복 차림으로 나타나서 일처럼 보이기 때문이다."라는 명언을 남겼다. 정말 맞는 말이다. 모든 것을 보여주는 말이다. 그렇지 않은가?

대범함 : 우리가 완벽하게 준비되어 있고, 충분한 훈련을 받았으며, 심리적으로도 준비가 되어 있으며, 자신이 괜찮은 사람이고, 자신감이 충만하고 실패하지 않을 것이라는 것을 확신할 때까지 우리가 그저 앉아서 기다리고 있다면 무의미하게 시간을 낭비하고 있는 것이다.(자신을 방해하는 것을 목표로 삼은 것이 아니라면 말이다.)

수잔 제퍼스(Susan Jeffers)의 책 제목 '공포를 느껴라, 그리고 어떻게든 도전하라(Feel the fear and Do it anyway)'는 상징적인 메시지가 있다. 사람들 모두 그 의미와 관련되어 있을 수 있기 때문이다.

명확한 목표 : 목표는 흥미로워야 한다. 그리고 그만큼 중요한 것은 명확해야 한다는 것이다. 즉 구체적일 필요가 있어야 한다는 뜻이다. 끝이 명확하지 않은(혹은 처음부터 명확하지 않은) 목표를 위해 동기를 부여하는 것은 소용없는 일이다.

목표가 명확하지 않다면 목표를 달성했다는 것을 어떻게 알 수 있을까? 고객들은 때로 자신들의 목표가 '행복해지는 것' 또는 '자신감이 있는 것'이라고 말하곤 하지만, 그렇게 두루뭉술한 목표는 달성하기 어렵다. 따라서 목표를 명확하게 세워야 한다. 원하는 것이 정확하게 무엇인가? 자신의 꿈을 알고 그것이 일어나는 것을 상상할 수 있을 때, 필요한 것이 무엇인지 알 수 있을 것이다. 그것이 동기 부여다.

성공에의 갈망 : 이것이야말로 진정한 패기의 원동력이다. 그렇지 않은가? 이 책으로 설명해 보자면, 자신감과 높은 자존감을 개발하고자 하는 욕망이 이 책을 계속 읽게 만드는 동기라고 말할 수 있다. 성공에의 갈망도 목표를 소중히 여기는 것과 밀접하게 관련이 있으며, 두 가지 모두 승리를 위한 감정적 반응을 만들어낸다.

실천력 : 어떤 일을 질질 끈다는 것은 의욕을 꺾는 일이다. 일을 미루는 행동은 안락한 행동반경(또는 무서울 정도로 부담이 큰 일)을 확장시키기 위해, 해야 할 일을 도피하려는 습관적인 반응일 수도 있다. 그리고 끝이 나지 않는 '해야 할 일' 목록을 작성하게 되면 해야 할 엄청난 일에 부담을 느끼고 압도되기 때문에, 사태를 더욱 심각하게 만들 수 있다! 여기에서 해주고 싶은 조언이 있다. 만들어 놓은 모든 목록을 집어 던지고, 가장 중요하게 여기는 일에만 집중하는 것이다. 중요한 목표를 성취하기 위해 첫 단계를 시작해야 한다. 이 일을 시작으로 당신은 더 이상 일을 미루지 않게 될 것이다!

자신의 동기를 평가하자

방사형 도형은 비선형적 방법으로 창의적인 연결 고리를 만들 수 있는 유용한 도구다. 그림 8(176쪽)에서는 핵심 주제로써 동기 부여를 선택한 후, 핵심 주제를 중심으로 연결되어 있는 여러 가지 아이디어를 발산시켰다. 이번 연습에서는 그림 8의 확장 아이디어 중 하나를 선택해 새로운 방사형 도형의 핵심 주제로 사용해 보자. 그 후 당신만의 새로운 방사형 도형을 그려보자.

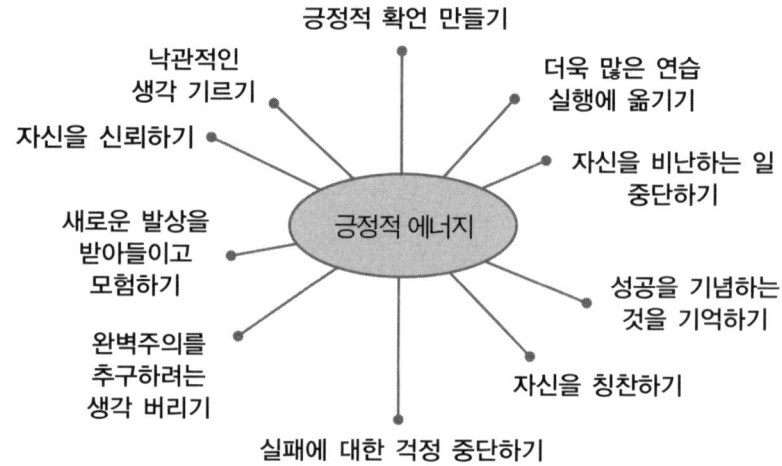

〈 그림 9. 새로운 동기 부여 도형 〉

앞장과 동일한 연습을 반복할 수 있다. 당신을 표현할 수 있는 항목을 골라 주제로 삼고, 새로운 아이디어를 생각해내는 것이다. 그것은 아이디어와 생각, 감정, 행동을 창의적으로 연구할 수 있는 뛰어난 방법이다. 이 과정에서 반응에 대한 인식을 높이고 자신의 장점으로 만드는 방법을 이해할 수 있을 것이다.

자신감을 위한 조언
시작하기

단기간의 목표를 성취하기 위해 행동하는 것은 내가 개인적으로 선호하는 동기 요인이다. 긍정적인 행동이 자아 존중감을 만들어내기 때문에, '해야 할 일' 목록에서 작은 항목을 하나 선택해 시작하게 되면 무관심에서 열정으로 에너지를 전환시킬 수 있다.

1단계 : 당장 해야 할 일 혹은 이미 끝냈어야 하는 일을 선택해보자. 그것은 마음 한구석에 자리 잡고 있어, 그 일을 기억하기 위해 상당한 에너지를 쏟고 있었을 것이다. 그 후에는 다시 잊어버리고는, 그 일을 신경 쓰지 않는 당신 자신을 마음에 들어하지 않고 있었을 것이다. 다른 말로 표현하자면, 당신은 '아무 일도 하지 않는데' 에너지를 쏟고 있는 것이다.

2단계 : 기회를 잡기로 결심했다면, 오늘 시작해야 한다. 의욕이 있다고 느끼는 순간 행동으로 옮겨야 한다. 즉 밀린 고지서를 지불한다거나, 전화를 거는 일, 고장 난 램프를 수리하거나, 치과 예약을 잡고, 자전거 바퀴에 공기를 주입하고, 엄마에게 전화를 걸고, 누군가를 용서해야 하는 일 등 말이다.

3단계 : 자신의 행동으로 인한 영향을 느껴보자. 자전거를 탈 수 있게 됐다거나 수도가 끊어지지 않을 것이라고 생각하는 것 말이다. 그러나 그것보다는 당신이 어떤 일을 해냈다는 것을 증명할 수 있으며 자신을 통제하고 있다는 느낌이 더욱 크게 다가올 것이다.

4단계 : 일련의 동기로 인한 영향을 극대화하고 미루어왔던 일을 하자.

5단계 : 인생을 열광하게 만들 수 있는 동기 - 결정 습관을 길들이자. 그리고 적절한 행동으로 이를 실천으로 옮기자.

신뢰와 동기 부여, 그리고 자존감

이 세 가지 요소는 서로에게 없어서는 안 될 필수적인 내용이다.

이 장의 처음에 제시했던 두 개의 인용구는 동기와 노력의 관계가 중요하다는 것을 의미한다. 그리고 자신과 타인, 인생에 대한 노력이 잠재력을 발휘할 수 있게 만드는 원동력이라는 것을 알려주고 있다. 그러나 사람은 안전하다고 느낄 때에만 노력하는 존재이며, 자신과 인생의 과정을 신뢰할 수 있을 때에만 안전하다고 느낀다.

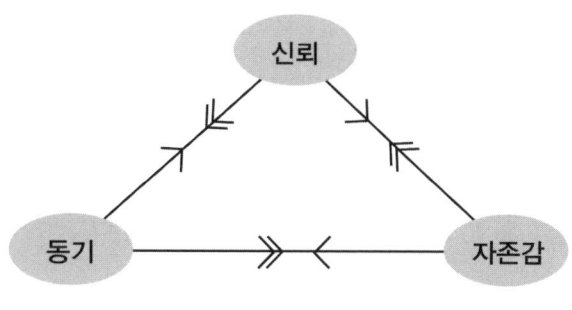

〈 그림 10. 상호 의존적 주기 〉

신뢰와 동기, 그리고 자존감은 상호 의존적인 주기이며, 그림 10에서 볼 수 있듯이 어느 방향으로든지 움직일 수 있다. 반시계 방향으로 보면, 자존감을 갖게 될 때 자신과 인생의 과정을 신뢰할 수 있게 되고, 그러면 자연스럽게 동기도 생겨날 수 있다. 그리고 시계 방향으로 보면, 자기 신뢰가 자존감에 영향을 미친다는 것을 알 수 있다.

자신을 신뢰할 수 없다면, 자기 의심으로 가득 차게 되고, 자기 믿음의 부족은 불가피하게 낮은 자존감으로 이어지게 된다. 자기 신뢰의 수준은 자기 존중의 수준을 반영한다. 자신을 신뢰할 수 있다면, 다른 사람도 자신을 신뢰할 수 있다고 느끼게 된다. 그리고 실제로 다른 사람도 당신에게 신뢰감을 갖게 된다. 그리고 자신을 존중한다면, 다른 사람으로부터 존중받게 된다. 자신을 사랑받을 수 없는 존재라고 생각한다면, 자신을 둘러싼 여러 관계도 이런 믿음을 반영하게 될 것이다. 자신이 인생 최고의 것들을 누릴 자격이 없다고 느낀다면, 최고의 것들을 얻지 못하게 된다. 그렇다면, 자신이 '괜찮지 않다.'고 느낀다면 어떻게 될까? 다음의 두 가지 연습문제를 해보자.

> *말보다 행동이 중요하다. 당신이 말한 것을 행동으로 옮길 수 있을 때 자아 존중감과 자존감이 자연스럽게 높아질 것이다.*

연습하기

신뢰 체크리스트

(파트 1)

	예	아니오
나는 자신을 믿는다		
나는 해야 할 올바른 일을 알고 있다		

	예	아니오
나는 나의 직관력을 신뢰한다		
나는 다른 사람의 말을 믿는다		
나는 언제나 할 수 있는 최선을 다 한다		
나는 모든 일이 결국은 다 잘될 것이라고 생각한다		
나는 실패로부터 배운다		
나는 안전하다		
우주는 나를 돕고 있다		

이 모든 일을 사실이라고 생각하는가? 사람은 매우 어릴 때부터 자신을 판단하는 방식과 자신이 속한 세상을 배우게 된다. 인생의 초반 몇 해를 어른의 도움을 받는 환경에서 제대로 성장했다면(신체적 및 정신적, 환경적, 영적으로), 성인이 되어서도 내면 깊숙이 안전하다고 느낄 수 있다. 하지만 어떤 이유에서든, 아동기에 사랑과 보호, 긍정적인 인정을 받지 못한 채 살았다면, '나는 안전하다.' 또는 '우주는 나를 돕는다.' 라는 말을 하기 어려울 뿐만 아니라 믿을 수도 없을 것이다.

(파트 2)
체크리스트로 돌아가서 자신의 답을 주의 깊게 생각해 보자.

1. 왜 그렇게 답했는가?

....

....

2. 믿기 어려웠던 내용은 무엇이며, 그 이유는 무엇인가?

....

....

3. 믿기 쉬웠던 내용은 무엇이며, 그 이유는 무엇인가?

....

....

신뢰와 동기, 자존감은 서로 의존하는 내면 상태다. 사실, 그보다는 서로를 창조하는 관계다. 자존감이 없다면, 신뢰나 동기도 없다. 그리고 동기가 없다면, 신뢰와 자존감이 결여되어 있을 것이다. 그리고 신뢰가 없다면, 자존감과 동기가 부족하게 된다. 이 관계의 긍정적인 면은 세 가지 요소 중 어느 한 가지가 낮은 수준이라면, 그 수준을 높이기 위해 다른 두 가지 중 어느 한 가지를 선택해야 향상시킬 수 있다는 것이다.

동기를 높일 수 있는 10가지 방법들

1. **'안락의자 사색'을 버려야 한다.** 당신이 무엇이든 생각이란 것을 할 때. 그 일을 하고 있다고 느낄 수 있지만 그것은 사실이 아니다. 생각을 행동으로 바꿔야 한다.

2. **목록 작성하기/목록 선별하기.** 순서대로 하는 것을 선호하지 않는다면, 원하는 새로운 방법을 도입할 수 있다. 반면, 해야 할 일 목록에 둘러싸여 있다면, 그 분량만으로도 부담을 느낄 수 있다. 따라서 최우선적으로 해야 할 일 세 가지를 선택하고 해당 내용만 목록에 남겨두어야 한다.

3. **당신이 완벽하지 않다는 사실을 받아들여야 한다.** 그렇지 않다면, 무슨 일을 하든 '괜찮지 않다.'고 느끼기 때문에 시작할 수 없을 것이다.

4. **자신을 신뢰해야 한다.** 과거의 성공과 성과를 기억해야 한다. 자신의 훌륭했던 결정들을 회상해 보자. 과거의 자신의 모습을 따라서 다시 한 번 해낼 수 있다.

5. **당근을 기억하자!** 어떤 일을 시작해서 받을 수 있는 보상을 생각해 보자. 일을 완수했을 때 어떤 기분이 들까? 그 일로 얼마나 기쁜가?

6. **한 가지 일에만 집중하자.** 이것은 오래된 명제다. 행동에 전념하고 있다면, 그 일에만 집중하여 진행해야 한다. 그리고 그 일을 해내기 위해 필요한 것은 무엇이든지 해야 한다. 자기 존중감을 느끼자!

7. **자신감 있게 행동해야 한다.** 불확실하다는 느낌을 받을 때에도

행동에 나서야 한다. 용감하게 한 걸음 나아가면, 활기가 생기고 동기를 유발할 수 있으며, 열광할 수 있게 된다. 행동으로 옮겨야 한다.

8. **적절한 때를 기다리기만 해서는 안 된다.** 행동으로 옮길 기분이 생기기를 기다릴 동안은 시간만 흐를 뿐이다. 그리고 맡은 일에 100% 열정을 느끼지 못한다면 좀처럼 준비가 됐다고 느끼지 못할 수도 있을 것이다. 하지만 그러는 동안 부담감만 가중된다.

9. **자신이 변명하고 있다는 것을 깨달아야 한다.** 목표를 무산시키기 위해 어떤 전략을 사용하는가? 그 방법으로 목표를 없앨 수 없다는 것을 깨달아야 한다.

10. **동기를 부여 받기로 결정해야 한다.** 강력한 의도는 내면 및 외면의 장애물보다 먼저 작용한다. 따라서 동기를 부여 받고 동기를 느끼고 있는 것처럼 행동해야 한다. 당신이 원하는 대로 변화해야 한다.

동기가 생기기를 기다리는 것은 완전한 시간 낭비다. 동기 부여는 '내면의 일'이기 때문이다. 당신은 그저 행동할 수 있는 강력한 의도를 만들고 그것을 따르면 된다. 아주 쉬운 일이다.

자존감을 높이고, 신뢰를 쌓고, 동기를 부여하자 – 인지요법 사용하기

다음은 AA 밀른(AA Milne)의 책 '곰돌이 푸'에서 내가 가장 좋아하는 구절이다.

> 나이 든 회색 당나귀 이요르는 머리를 숙이고 무언가를 생각하면서 엉겅퀴가 무성한 숲 한구석에 서 있었다. 때때로 그는 슬픈 어조로 '왜?' 그리고 때때로 '무슨 이유로?'라고 생각했다. 그리고 때로는 '얼마나?'라고도 생각했다. 그리고 어떨 때에는 자신이 무슨 생각을 하고 있는지조차 알지 못했다.

나는 이 구절을 나의 책 '행복으로 가는 지름길'에 인용했다. 나는 이 책에 사용할 만한 다른 구절을 찾아보았지만, 이 정도로 어울리는 구절을 찾을 수 없었다. 이 구절은 재미와 슬픔을 동시에 안겨주며, 모든 사람들 내면 깊은 곳에서 이와 관련 있을 수도 있다는 것을 시사한다. 다시 말해, 사람들은 엉겅퀴가 무성한 숲속 한구석에 서 있다는 것이다.(그리고 우리도 그 사람들에 포함되어 있다.)

우리도 이요르처럼 마음이 떠들어대는 대로 불안과 걱정, 자기 의심으로 이어지는 어둡고 음울한 길을 따라 갈 수 있다. 자신이 생각하고 있는 것이 무엇인지 모른 적이 얼마나 있었는가? 생각의 본질을 의식하지 못하면, 마음이 좌우하는 대로 이요르처럼 길을 잃고 방황하며 자신을 통제할 수 없는 상태가 된다.

우리는 첫 장에서 인지행동요법(CBT) 모델(생각과 감정, 행동이 상호의존적인 상태)을 잠시 살펴보았다. 그리고 우리의 생각이 사실이 아니라는 사실을 인식했다. 이 장에서는 이 간단하면서도 실용적인 공식을 적용하려 한다. 인지요법 치료사들은 현실의 본질이 고정되어 있지 않으며, 인식의 부산물이라는 사실을 알고 있다. 따라서 사고에서 오류가 발생하면 문제가 생기고, 정교한 생각은 행복한 결과로 이어진다는 것을 알고 있다. 이는 다음과 같이 설명할 수 있는 과정에 대한 이론이다.

A(사건) → B(사건에 관한 생각) → C(사고의 과정에서 유발되는 감정)

이제 다음과 같은 예를 살펴보자.

A(나는 실직했다) → B(나는 쓸모없는 사람이다. 나를 채용할 곳은 없을 것이다) → C(나는 의욕이 없으며 자존감이 바닥이다)

인지요법을 사용하면, 자존감을 높이고 또 다른 직장에 입사 지원하기 위해 필요한 동기를 얻게 될 것이다. 자신의 생각의 진실을 밝혀 그 같은 일을 할 수 있다.

위의 사례에서, 나는 쓸모없는 사람이고 아무도 나를 채용할 곳은 없을 것이라는 믿음에 이의를 제기할 수 있다. 이런 생각은 '인지 왜곡'이라고 하는 개념을 바탕으로 하고 있으며, 그것은 낮은 자존감으로 이어지는 부정적인 하향 나선으로 사람을 끌어당긴다.

자신이 이성적인 사람이라면, 과잉 행동을 하고 있는 자신을 확인할 수 있을 것이며, 그런 자신을 자각할 수만 있다면 자신감과 낙관적인 접근법, 자신의 이익을 위한 동기 부여 등 모든 가능성이 열릴 것이다.

심리학자 아론 벡(Aaron Beck)은 동기의 결여와 지속적인 슬픈 감정은 인지 왜곡의 결과이며, 세계와 미래, 자신에 대한 구체적인 믿음을 근거로 하고 있다고 설명했다. 예를 들어, 신뢰에 문제가 있다면, 타인을 의심하는 경향이 있으며, 편안한 생활을 하지 못하며 다정하고 풍요로운 우주를 믿기 힘들 것이다. 그리고 자아 존중감이 없다면, 목표를 달성하기 위해 필요한 자신감도 가지고 있지 못할 것이다.

연습하기

마음을 바꾸면 기분이 달라진다

자신의 내면의 과정을 해결하려 할 때 A → B → C 공식을 사용할 수 있다. 자신의 생각의 '증거'를 철저하게 밝혀 부정성에 의문을 제기해야 한다.

다소 어려운 사건 (A)를 선택한 후, B와 C를 해결해야 한다.

예 :
1단계 (A) 사건 : 애인이 나를 떠났다.

2단계 (B) 생각 : 나는 끔찍하고 가치 없는 사람이기 때문에 언제나 둘 사이의 관계가 좋지 않았다.

3단계 (C) 감정 : 나는 화가 난다. 그리고 자기 혐오감에 가득 차 있고 자신을 신뢰할 수 없다. 자신감도 없고 어떤 동기도 없다.

4단계 테스트 (B) : 이런 생각이 진실한 것인지 자문해 본 적이 있는가? 당신이 무가치한 사람이라는 것을 입증할 만한 확실한 증거가 있는가? 당신이 끔찍한 사람이라는 증거가 있는가?

스트레스를 받는 상황에서 반응할 때, 즉각적으로 드는 생각은 '현실'이 아닌 '인지 왜곡'을 바탕으로 하고 있다. 따라서 B 단계에서 보다 현실적인 반응을 집어넣을 수 있다. 이 방법을 사용해 기분을 좋게 만들어 보다 긍정적인 결과를 도출할 수 있다.

통찰력
당신은 완벽한 사람이 아니다. 그러나……

때때로 '완벽함'을 바란다는 것은, 최선의 노력을 다한 후 기대감을 뛰어넘는 것을 바라는 것이다. 완벽주의를 추구하다 보면 자신이 '부적절'하다는 두려움에 사로잡혀 오도 가도 못하는 구석까지 밀어붙일 수 있다. 이런 딜레마에서 빠져나올 수 있는 방법이 있다.

- 자신의 약점이나 실수를 현실적인 관점으로 바라보아야 한다. 그러기 위해서는 확실한 사례를 사용해야 한다.
예를 들어:

약점 – 나는 업무상 필요한 컴퓨터 능력이 기대 수준을 미치지 못한다.
실수 – 나는 친구의 험담을 늘어놓았다. 그러지 말았어야 했다.

- 당신이 인지하고 있는 약점을 보완하는 데 도움이 되는 다른 자질을 사용해야 한다. 예를 들어, 나는 컴퓨터 통신망 연결에 소질이 있어 업무에 사용할 수 있다.

- 실수하기 전과 동일하게 행동해야 한다. 예를 들어, 나는 전에는 이런 일을 한 적이 없었다. 나는 좋은 친구다.

- 이제 두 문장을 '그러나' 또는 '그럼에도 불구하고' 등의 단어로 연결시켜 보자. 먼저 약점 사례를 읽어보자.

나는 업무상 필요한 컴퓨터 능력이 기대 수준을 미치지 못한다. 그러나 나는 컴퓨터 통신망 연결에 소질이 있어 업무에 사용할 수 있다.

이제 실수 사례를 읽어보자.

나는 친구의 험담을 늘어놓았다. 그러지 말았어야 했다. 하지만 나는 전에는 이런 일을 한 적이 없었다. 나는 좋은 친구다.

우리는 모두 실수와 약점을 가지고 있다. 그리고 강점과 자질도 있다. 자신에게 또 다시 완벽주의의 기준을 적용하려 한다면, 자신감과 동기 결여로 이어질 수 있는, 비현실적이며 사용해서는 안 되는 방법이라는 사실을 기억해야 할 것이다.

오늘은 이 같은 사실을 기억해야 한다.

나는 완벽하지 않지만, 그럼에도 나는……

생각해 볼 내용 : 당신이 여전히 흥미로운 목표에 대한 동기를 갖고 있지 못하다면, 비현실적인 두려움에 사로잡혀 있을 가능성이 높다.

【 사례 연구 】

49세의 미셸(Michelle)은 이름만 대면 알 만한 대형 마트의 계산원으로 일하고 있다. 그녀는 데이브(Dave)와 결혼했으며, 이미 성인이 돼 독립한 세 자녀를 두고 있다.

미셸과 데이브는 런던의 교외 지역에서 25년간 안락한 삶을 꾸려나가고 있다. 미셸은 생활에 무료함을 느끼던 찰나, 잡지에서 나에 관한 기사를 읽고 '머리를 명쾌하게 만들어 줄'(그녀의 표현이다.) 코치를 받기를 결심했다. 보통, 고객들은 해결해야 할 특정한 문제를 가지고 있으며, 그것이 무엇인지 알고 있다. 그러나 '자신이 원하는 것을 명확하게 알고 싶다.' 며 찾아오는 고객도 있다. '목표를 향해 나아가, 원하는 것을 성취한다.' 는 부류의 이야기는 많지만, 대다수의 사람들은 상당한 시간을 예전의 방식을 고수하며 새로운 방향성 같은 것은 생각도 하지 않은 채 그날이 그날 같은 흔해빠진 일상을 보내고 있다. 때때로 비극이나 위기 상황에 직면해 안락한 행동반경을 옮기거나 넓히기를 원할 때도 있다. 혹은 마음에 동요가 일거나 환멸을 느낀다거나 일상에 지루함을 느낄 때도 있다. 어떤 방법으로든, 우리는 교차로 앞에 서 있게 되기 때문에, 변화를 준비해야 한다.

최근, 미셸은 남편과 상품용 채소 농원을 차리기 위해 시골로 이사 가는 것에 대해 자주 이야기를 나누고 있으며, 데이브는 이 계획으로 희망에 부풀어 있다고 말했다. 그들은 두 개의 주말농장을 운영 중에 있으며, 데이브는 계획을 실현시키기 위해 원예용품점에서 일하고 있었다. 그는 언제나 사업을 운영하고 싶어 했다. 더구나 데이브의 아버지가 약간의 돈을 남겨줬기 때문에 그들은 이사하는 데 어떤 경제적 문제도 없었다.

미셸은 자신의 일상에 지루함을 느끼고 있었지만 데이브의 계획이 썩 내키지 않았고, 데이브는 그런 그녀를 이해할 수 없었다. 그녀는 나와 '선택권'이라고 부르는 것에 대해 이야기하고 싶어했다. 그녀는 상담을 진행할수록 상품용 채소 농원의 현실화에 대해 많이 두려워하고 있으며, 자신의 감정에 대해 혼란을 느끼고 있었다.

나는 고객의 현실적인 두려움을 확인하고 비현실적인 두려움을 없애기 위해서 '최선과 최악의 시나리오'라는 방법을 사용하곤 한다. 다섯 단계로 진행되는 이 방법을 미셸에게도 사용하기로 했다. 이 방법은 이 책을 읽고 있는 당신에게도 유용하게 작용할 수 있을 것이다.

미셸은 이 방법으로 자신의 생각과 감정을 구조화시켰다. 그녀는 "제 머릿속에서 엉클어져 있었던 생각을 흑과 백으로 구분할 수 있었어요. 이 방법으로 저는 관점이라는 것을 갖게 됐으며, 데이브와 제가 작성한 목록을 바탕으로 토론할 수 있었어요."라고 말했다.

그녀는 이 방법을 통해 그들의 계획이 놀라운 가능성이 될 수 있다는 것을 깨닫게 되었다. 그녀가 사업을 진지하게 생각하기 시작하자 데이브는 감동을 했고, 그들은 전보다 더 열정적으로 대화를 나누게 되었다.

맞다. 그녀는 친구와 직장을 떠나 새로운 곳으로 이사를 간다는 생각에 두려움을 가지고 있었다. 그리고 데이브가 사업을 위한 재정 계획을 자세하게 세우고 사업에 대한 분별력을 가지고 있었지만, 사실 미셸은 재정 문제에 대해서도 걱정을 하고 있었던 것이다. 그러나 결국 새로운 사업에 대한 흥분감이 걱정을 압도했다. 그들은 드디어 적절한 토지를 찾기로 결정했다.

당신도 충돌하고 있는 감정의 무게를 판단해야 하는 상황에서 이 방법을 사용할 수 있다. 예를 들어, 자신감이라는 것을 갖기 시작하면, 문제가 생길 수도 있다고 생각할 수도 있다. 그렇지만 그것이 정말로 나쁜 일일까? 어떤 사람들은 당신의 새로운 계획을 좋아하지 않을 수도 있다. 하지만 그것이 당신이 결심한 것을 중단할 만큼 중요한가? 당신의 사업은 실패할 수도 있지만, 그것이 세상의 종말을 가져올 정도의 일인가? 자신감과 자기 믿음은 새로운 미래를 위한 동기를 부여 받았을 때(그렇지만 계산은 해야 한다.), 얻을 수 있는 재능이다. 그 가설을 테스트해보자.

> *당신의 꿈이 충분히 크고 흥미롭다면, 필요한 모든 에너지와 스태미나를 가지고 열중할 수 있을 것이다.*

연습하기

최고의 시나리오와 최악의 시나리오

1단계 : 구상하고 있는 새로운 계획 또는 구체적인 목표 등 여러 가지 가능성이 있는 변화를 생각하고, 이름을 붙여보자.

나의 목표는

....

2단계 : 이제 목표를 달성한 모습을 상상해 보자. 최고의 시나리오는 무엇인가?

가능한 최상의 결과는

....

3단계 : 가능한 최악의 시나리오를 생각해 보자.

가능한 최악의 결과는

....

4단계 : 만약에 있다면, 걱정이나 불안이 어떤 형태로든 당신을 돕고 있는가, 아니면 방해하고 있는가?

....

....

5단계 : 당신이 극복할 수 있는 두려움과 불안에 이름을 붙여보자.

....

....

6일차 | 검토하기

6일차 핵심 생각

- 동기와 자신감, 행복감을 객관화한다면, 자신과 이런 특성들 사이에 거리를 두게 돼 성취할 수 없게 된다.
- 목표를 세웠지만 시작할 수 없다면, 자신감은 떨어지고 당혹감을 느끼게 될 것이다.
- 창의적인 시각화는 무의식적으로 언제나 사용할 수 있는 강력한 도구다.
- 자신의 목표에 열정적이라면, 한껏 고무된 에너지가 앞으로 나아가는 데 필요한 연료가 될 것이다.
- 동기는 모든 면에서 개인적인 경험을 확장시킬 것이다.
- 당신의 이익을 위해 행동해야 한다. 자신감이라는 재능이 오길 그저 기다리다가는, 평생 기다려야 될지도 모른다.
- 동기를 부여받는다는 것은 마음의 상태다.
- 기분이 바뀌면 마음도 바뀔 수 있다.
- 자신과 다른 사람, 인생을 위한 노력은 잠재력을 끌어낼 수 있는 원동력이 된다.
- 현실의 본질은 자기가 생각하고 있는 인식의 부산물이다.
- 당신은 완벽하지 않을 수 있지만, 수많은 긍정적인 자질을 가지고 있다.

6일차에 지켜야 할 3가지 행동 수칙

1. 오늘의 생각을 기록해 보자.
   예 : 나는 계획을 유지한다는 것이 어렵다는 것을 알게 됐다.

2. 이러한 생각의 패턴(생각/감정/행동)을 생각해 보자.
   예 : 나는 지나친 어려움에 직면했다고 생각하면 그 일을 포기하고 심지어 동기도 잃게 된다.

3. 반응을 바꿀 수 있는 행동 방침을 세워보자.
   예 : 내 목표는 비현실적이라고 생각한다. 나는 성취할 수 있는 단기적인 목표를 세워, 그 일을 해낼 수 있다는 것을 보여줄 수 있다.

이 3가지 행동 수칙을 시작해 보자.

나만의 개인적인 견해 :

....

....

....

....

견해 이면에 있는 패턴 :

....

....

....

....

나의 행동 방침 :

....

....

....

....

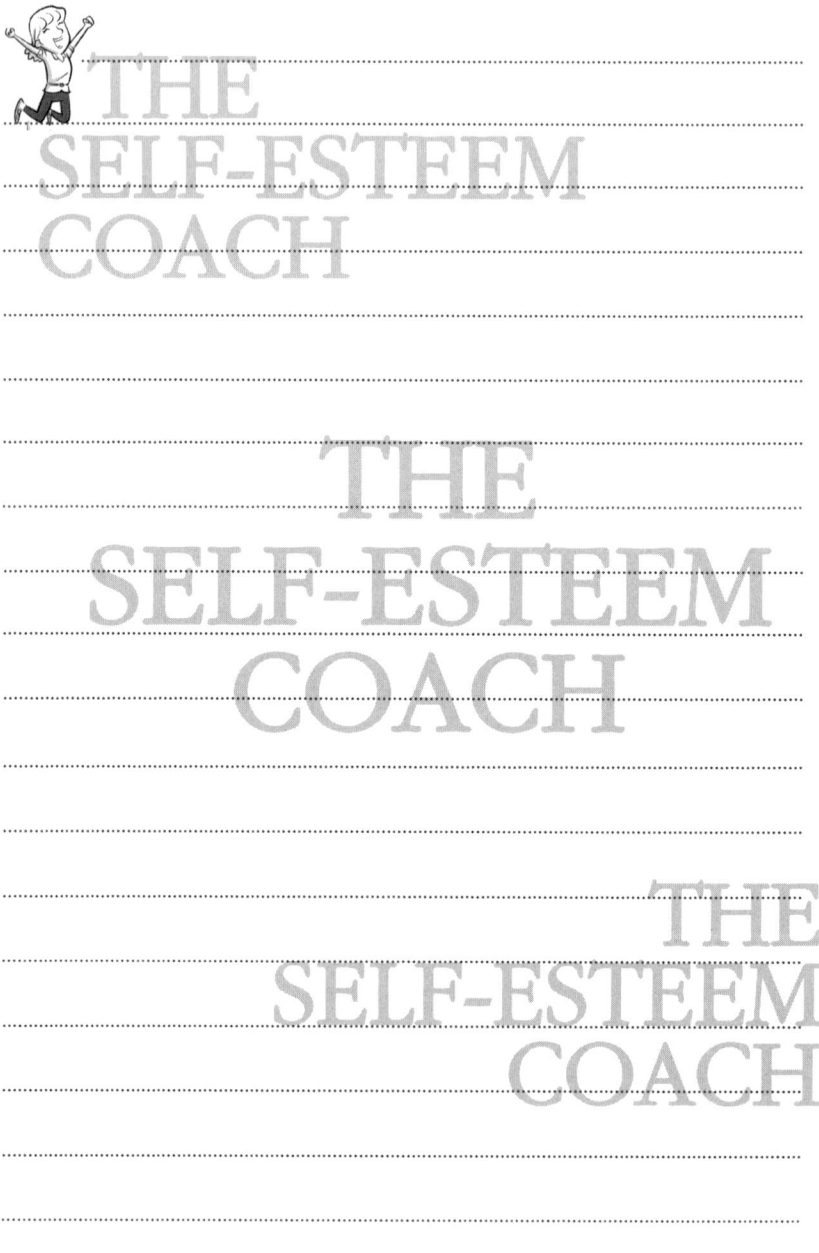

7일

행복 습관 길들이기

행복한 사람에게 행복 공식은 매우 간단하다. 오늘 아침, 저번 주 또는 작년에 무슨 일이 일어났는지, 오늘 밤이나 내일, 또는 3년 뒤에 무슨 일이 일어날 것인지 신경 쓰지 않는다. 행복은 지금 드리워져 있다.

— 리차드 칼슨(Richard Carlson, 작가)

7일 | 행복 습관 길들이기

*그런 말이 있다. 21일 동안 실수 없이 무언가를 한다면 그것은 인
생의 습관이 될 것이다. 대부분의 사람들은 습관을 바꾸거나 깨뜨
리려고 시간을 보낸다. 아마도 습관을 가지려고 노력한 적은 없을
것이다. 하지만 행복 습관은 연습할 가치가 있다.*

– 닥터 로버트 M 쉬어필드(Dr Robert M Sherfield, 작가)

정말 흥미로운 생각들이지 않는가? 이는 부정적인 습관을 바꾸거
나 깨뜨리지 못하게 하는 선입견과 깊은 관련이 있고, 향상을 위해
새로운 습관을 들이기로 결정하는 훌륭한 전환점이 될 수 있다. 즉
시작을 훨씬 쉽게 할 수 있게 한다.

행복 습관의 연습에 대한 장단점을 설명하기 전에 이야기 하나를
들려주겠다.

13세기의 수피(Sufi) 철학자 물라 나스루딘(Mulla Nasrudin)의
우스꽝스런 업적에 대해 들어보았을 것이다.

이 이야기는 아이드리스 샤(Idries Shah)의 작품에 불후의 명성을
얻게 해주었다.

다음은 나스루딘의 이야기 중 하나이다.

'나스루딘은 집으로 걸어 돌아가고 있었다. 그런데 그는 네 발로 바닥을 기며 고개를 옆으로 들어 가로등 불빛을 바라보는가 싶더니, 땅바닥에서 무언가를 미친 듯이 찾고 있었다.

"물라, 뭔가를 잃어버렸나요?"

지나가는 남자가 물었다.

"열쇠를 찾고 있습니다."

나스루딘이 걱정스런 목소리로 대답했다.

"저도 찾는 걸 돕겠습니다."

남자는 나스루딘과 함께 열쇠를 찾았다. 곧 두 사람은 가로등 밑에서 무릎을 꿇고 열쇠를 찾고 있었다.

남자가 말을 꺼냈다.

"정확히 어디에서 열쇠를 떨어뜨렸는지 기억나요?"

나스루딘은 어둠속을 가리키며 말했다.

"저기 우리 집 안에. 집 안에서 열쇠를 잃어버렸어요."

그 말에 충격을 받고 분노한 남자는 펄쩍 뛰면서 물라 나스루딘에게 고함을 쳤다.

"그런데 왜 길거리에서 열쇠를 찾고 있는 건데요?"

"여기가 집 안보다 빛이 밝기 때문이죠."

물라 나스루딘이 태연하게 대답했다.

우리 모두는 기분이 좋기를 원하며 행복의 열쇠를 원한다. 그리고 그것은 모든 다른 사람들과 공유하는 소망이다. 그러나 이야기에서 암시하듯, 우리는 그 열쇠를 어디서 찾고 있는지 잘 확인해야 한다.

나의 책 '행복으로 가는 지름길(Fast Track to Happiness)'을 쓸

때, 캘리포니아, 미주리, 일리노이 주립대학의 심리학자들이 수행한 흥미로운 연구결과를 발견했다.

그들의 연구는 행복한 사람들이 절망적인 접근법을 가진 사람들보다 그들의 관계와 직업에서 더 성공적인 성취자임을 보여주었다.

연구자들은 사람들이 행복할수록 새로운 경험과 도전을 환영하고 새로운 목표를 향해 나아가는 경향이 더 많은 것을 발견했다.

긍정적인 기분은 더 활기차고, 활발하고 인기 있는 자질을 만들어주었다. 더 밝은 사람들이 부정적인 사람들보다 더욱이 행복한 결혼 생활을 하고, 더 많이 벌고, 더 오래 사는 경향이 있다는 결과를 보여주었다.

이러한 흥미로운 발견은 올바른 직업, 훌륭한 파트너 또는 더 많은 돈을 갖는 것이 행복을 이끈다는 널리 알려진 가정과 모순된다.

이 연구를 주도한 손자 류보미얼스키(Sonja Lyubomirsky) 박사는 '우리의 연구는 단순히 행복을 좇기보다는 다양한 경우에도 행복은 성공적인 결과를 만들어낸다는 의견을 강력하게 지지한다.' 라고 말했다.

물라 나스루딘 이야기로 돌아가자.

우리가 스스로에게 물어봐야 할 질문은 아마도 '나는 올바른 곳에서 행복의 열쇠를 찾고 있는가?' 라는 것이다.

고객들이 그들의 목표에 대하여 이야기할 때 나는 왜 성공이 중요한지 묻는다.

그들은 변함없이 성공이 그들을 행복하게 할 수 있기 때문이라고 이야기한다. 그러나 어쩌면 우리는 이것을 잘못 받아드리고 있을 수 있다. 우리가 행복을 목표로 가지면 자동적으로 다른 모든 것은 자리를 잡기 때문이다.

1998년도에 마틴 셀리그만(Martin Seligman) 교수는 불행을 초래하는 부정적인 상태에 초점을 맞추는 것이 아닌 행복을 창출하는 긍정적인 습관에 심리학의 초점을 맞추어야 한다는 중심 사상과 함께 새로운 심리적 운동을 시작했다.

행복의 과학이라 불리는 새로운 긍정적 심리학은 어린 시절의 경험과 유전적 특성이 우리의 행복 잠재력의 50%를 차지하고 나머지는 통제할 수 있는 능력이 있다는 것을 보여주는 연구에 뿌리를 두고 있다.

자신을 '매우 행복하다.'고 묘사하는 사람들은 평범한 사람들보다 더 아름답고 사교적이거나 성공한 사람이 아니다.

사회과학자들은 우리가 행복하거나 불행한 것의 중요한 차이점은 우리가 두 가지 중요한 단계를 밟았는지 여부에 달려있다고 주장한다.

1단계 : 무엇이 우리를 행복하게 만드는지 찾았다.
2단계 : 인생에 행복을 만드는 많은 활동들을 포함했다.

이것이 지극히 쉬운 일이라는 생각이 들 수도 있다. 그리고 공감한다. 그냥 상식처럼 들릴 수 있다. 하지만 이 두 단계를 관련지어 어떻게 생각해야 하는지 잠시 생각해 보자.

행복한 습관 습득하기

1단계는 쉽게 들리지만 여러 가지 질문을 제기할 수 있다. 무엇이 당신을 행복하게 하는지 명확하게 아는가? 당신이 부정적 구렁텅이에 빠진다면 이 질문은 대답하기 어려울 것이다.

낮은 자신감은 우리를 비참하게 만든다. 우리가 이 상태일 경우 우리는 행복한 것이 무엇인지 느끼지 못하고 기분전환 에너지를 생성하는 방법도 기억할 수 없다.

당신은 누군가를 행복하게 하기 위해 무언가를 할 수 있고 내면의 비관주의자와 싸우고 있든가, 스스로 의심하든가, 긍정적 목표에 집중할 수 없을 수도 있다. 그리고 비록 우리 모두가 행복을 누릴 자격이 있지만 당신은 그 순간에 느끼지 못할 수 있다. 아마도 당신은 당신을 얽매고 있는 행복에 대한 오래된 믿음을 갖고 있거나 어려운 도전을 직면해 있을 수 있다. 행복의 말뚝 중에 당신이 시작하는 곳을 확인해야 한다.

퀴즈

당신은 얼마나 행복한가?

다음의 내용을 읽고 당신에게 해당하는지 자신에게 물어보자.

점수는 아래와 같다.
매일 1점, 자주 2점, 때때로 3점, 드물게 4점, 절대 5점

		점수
1	나는 즐기는 법을 안다	
2	나는 최고의 인생을 누릴 자격이 있다고 믿는다	
3	나는 행복을 주는 것을 하기위해 시간을 들인다	
4	나는 좋은 개인적인 경계를 갖고 있다	
5	나는 낙관적으로 접근한다	
6	나는 나를 좋아하고 존중한다	
7	나는 나의 강점과 자질을 안다	
8	나는 다른 사람들과 좋은 관계를 가지는 것을 즐긴다	
9	나는 좋은 일과 삶의 밸런스를 가진다	
10	나는 긍정적이고 의욕적이다	

10~20점이 나왔다면

당신은 이미 꽤 괜찮은 인생을 산다고 느끼고 있고 벌써 행복할 수 있는 습관을 연습하고 있다. 이 점수는 긍정적으로 높은 자부심을 추구하는 사람이다. 발전된 유연하고 균형 잡힌 자기 인식을 가지고 있으며, 실수에도 불구하고 당신이 쏟은 노력에 감사할 수 있다. 이 여정을 계속하면서 당신은 행복하다는 것의 실제 의미하는 바를 이해함에 있어 더욱 세심한 경험을 하게 될 것이다. 계속 이렇게 노력하자!

21~30점이 나왔다면

이 점수는 친밀한 자기이해를 가진 사람을 나타낸다. 당신은 자부심을 증가시키거나 자존감을 떨어트리는 방식을 알고 있다. 그러나 자신의 통찰력으로 항상 최선의 방법을 사용하는 것은 아니며 가끔가다 자신을 전적으로 지지하지 않는 경향이 있다. 당신의 행복과 자신감을 방해하는 순간을 염두에 두기 바란다. 스스로를 도우려고 하는 것이지 더욱 더 비판하려 하는 것이 아님을 알아야 한다. 당신의 행복의 길을 막고 있는 부정적인 패턴과 방어적인 습관에 대하여 증거와 지식을 모으고 난다면 그들을 풀어주는 것을 시작할 수 있다.

31~40점이 나왔다면

31에 가까운 점수는 자신이 많은 자기이해를 가지고 있는 사람임을 나타낸다. 때때로 당신이 잘 알고 있는 것에 대하여 반항하려는 경향이 있으며, 이것은 자연스럽게 낮은 자신감과 불행의 느낌으로 이끈다. 아마도 당신은 자신에게 왜 이러는지 스스로 물어볼 것이다. 그만 자신에게 묻고 단순히 긍정적인 심리 라인들을 받아들여야 한다. 당신을 행복하게 만드는 것에 집중하자.

40에 가까운 점수는 가치가 없다는 근본적인 느낌을 나타낸다. 이것은 때때로 강력한 부정성(우리를 강하게 쥐고 있는 패턴들)의 잠금을 해제하는 열쇠이다. 당신은 훌륭한 사람이고 최고의 대우를 받아야 할 가치가 있는 것을 잊어서는 안 된다. 지속적으로 생각한다면 이후 당신은 이것을 믿고 있을 것이다.

41~50점이 나왔다면

당신에게 알맞은 책을 읽고 있다! 행복한 사람과 그렇지 않은 사람 사이에 거대한 틈은 없다. 높은 자부심은 운 좋은 소수에게 부여되는 특별한 선물이 아니다. 잊지 말자. 자부심과 행복은 스스로 개발할 수 있는 내면의 자질이다.

당신은 필요한 모든 도구는 물론 모든 면에서 가장 중요한 품질을 갖추고 있다. 이제 변화할 때이다. 이 강한 의도가 당신을 이 책으로 인도했고 당신이 해야 할 일은 이러한 일의 전략을 실행하는 것이다. 한 번에 한 걸음씩 기술을 연습하고, 자신에게 친절하도록 하자. 당신의 목표가 자존감과 행복의 수준을 높이는 것이라면 쉽게 달성할 수 있다. 계속하자!

행복 습관을 얻는 10가지 방법

행복은 걱정과 같이 전염적이다. 아래는 내가 가장 좋아하는 행복을 '얻는' 방법이다.

1. **신나고 바보 같은 것을 하자.** 조심하지 않아도 되는 아이 같은 에너지를 얻을 수 있다.
2. **속도를 늦추고 여유를 갖자.** 당신이 급하게 이리저리 치이고 있는 것을 발견했을 때 잠시 멈추고 숨을 고르는 느낌을 기억하자. 당신은 그럴 만한 자격이 있다.
3. **상황에 집중하자.** 찰나에 당신의 모든 감각을 집중하도록 노력

하자. 우리는 미래에 대한 불안과 과거에 대한 후회를 염려하며 자신을 힘들게 한다. 다 떨쳐버리고 현재에 집중하자!

4. **감사하자, 감사하자, 그리고 더 많이 감사하자.** 자명한 최고의 조언이다. 바로 시작하자.

5. **샤워하며 노래하자.** 훌륭한 사기충전으로 하루를 시작하자.

6. **친절함을 베풀자.** 행복한 느낌을 얻을 것이다.

7. **오늘에 행복해자.** 당신은 유일무이하고 대단한 사람이다. 당신의 모든 기회를 최대한 이용하자.

8. **웃자, 웃자, 웃자.** 웃는 행위는 행복 호르몬인 엔도르핀 분비를 촉진한다.

9. **당신이 하는 무엇이든 전폭적으로 지지하자.** 해야 할 가치가 있는 일이라면, 제대로 하는 것이 중요하다.
   어렸을 때 아버지께서 항상 말씀하셨다. 그리고 지금 나는 이것이 얼마나 중요한지 알고 있다. 자신에게 삶을 주어야 한다. 그러면 삶은 당신에게 사랑을 줄 것이다.

10. **성공을 축하하자.** 우리는 다음 일에 얼마나 서두르는가. 수시로 목표를 조정하면서 말이다. 잠시 멈춰서 당신의 업적을 인식할 수 있을 때 당신은 자긍심과 행복감을 키울 수 있다.

자신감을 위한 조언
마음과 함께 걷자

잭 콘필드(Jack Kornfield)는 임상심리학에서 훈련을 받았으며 불교 승려이다. 그의 유명한 저서 〈마음의 숲을 거닐다〉에서 그는 "우리의 길이 우리의 마음과 연결되어 있음을 확신해야 한다. 마음이 있는 길을 따라가고 있는가?"라고 질문할 때 우리는 아무도 우리가 가야 하는 길이 무엇인지 정의할 수 없다는 것을 발견할 수 있다. 잠시라도 가만히 내면을 깊이 듣는다면 우리가 마음을 따라가고 있는지 알게 될 것이다.

최선이라고 생각되지 않을 때, 잠시 시간을 내어 당신의 길의 본질을 확인하자. 마음이 있는 길은 다음과 같다.

- 동기 부여되고 긍정적인 느낌을 받는다.
- 당신이 하는 것에 강한 '확신'을 받을 수 있다.
- 어떠한 행동을 해야 하는지 영감을 받는다.
- 친절함이 가득한 길이다.
- 꽤나 쉽고 부드럽게 '흘러간다.'고 느낀다.
- 다른 사람들이 지원을 아끼지 않는다.
- 우주가 당신의 편인 기분이 든다.

당신이 마주하는 어떠한 힘든 상황이든 이 포인트들을 적용하자.

예를 들자면, 당신이 취업 준비생이라 상상해 보자. 다른 사람들이 지지한다고 해도 당신은 활기가 없고 걱정만 가득하다 이럴 때는 당신의 결정에 질문할 필요가 있다. 당신의 행동이 마음에서 우러난 자신감과 맞지 않는다면 당신은 상황을 재검토할 때이다.

종종 우리는 내부에서 변화를 겪고 난 후 우리가 우리의 상황을 '능가' 시켰으며 더 이상 '알맞지' 않게 된다. 이러한 일이 생기면 우리는 삶의 또 하나의 교차점에 있는 것이며 마음이 느끼는 대로 가야 할 길을 확인하고 그 길을 따라가면 된다.

행복은 선택이다

'걱정하지 말고 행복하자.'가 성가실 정도로 거들먹거리는 조언이 될 수 있다고 생각하지 않는가? 비참할 때 들으면 이것은 그냥 의미 없는 진부한 표현일 뿐이다.

스펙트럼의 다른 끝에는 상대적으로 새로운 GAD(Generalized Anxiety Disorder)라는 이름을 가진 어둠과 불행이 있다. 과학자들은 우리를 걱정하게 만드는 새로운 '일반화된 불안 장애(GAD)'를 발견했다.

행복 신남, 또는 절망 암울 중 어느 쪽으로 가야 하는가? 인생은 힘들 수 있다. 이건 사실이다. 그래서 우리는 기분이 다운되었을 때

실행할 수 있는 전략이 필요하다. 진부한 표현과 무서운 증후군은 우리를 위해 실행하지 않을 것이다. 우리는 우리의 영혼을 고양시키는 긍정적 자질과 습관에 초점을 맞춤으로써 행복지수를 높여야 하고 부정적인 것에 집중한다면 사태가 악화될 뿐임을 알고 있다. 행복은 결정이라고 한다.

다른 말로 하자면 그것은 우리 삶의 과정을 보는 훌륭한 방법이며 태도이다. 절망적인 GAD에 빠지는 것보다 기꺼이 결정을 내리는 것이 어떻게 자신의 자신감, 자존감, 및 동기를 높일 수 있는지 살펴보자.

긍정적이라는 의미는 삶을 단순하고 순진하게 받아드리는 것을 의미하지 않는다. 반대로 적극성은 낙관적이고, 현실적이고 건설적이다. 우리의 기분을 밝게 하고 행동을 깨우치도록 희망을 주는 특성이다. 그들이 말하는 것처럼, 싫어할 것이 뭐가 있는가?

나는 세상에 대한 나의 견해를 선택할 수 있다. 내 유리잔에 물이 반이나 비어 있거나 또는 반이나 차 있다. 케이크를 반이나 먹었거나 또는 반이나 남아 있다 등과 같은 것처럼 말이다. 나는 내가 일이 일어나도록 만들거나 내게 그냥 일이 일어난다고 믿는다. 내가 얼마나 스트레스를 받는지 생각하거나 또는 내 마음을 즐거운 마음으로 바꿀 수 있는 것처럼 말이다.

라이오넬 케치안(Lionel Ketchian)은 작가이자 행복의 현상을 열렬히 지지하는 옹호자이다.

그는 회의, 뉴스레터 및 웹사이트 www.happinessclub.com을 통해 행복한 혜택을 증진하는 전 세계 단체인 행복클럽을 운영한다. 그의 소식지 중 하나에 라이오넬은 다음과 같이 말했다.

'행복은 나에게 가장 중요한 일이다. 당신이 필요한 것은 행복해지고 싶은 열망뿐이다. 어떻게 행복해지는지 이해하거나 또는 다른 사람에게 보여주는 것 말고는 행복해질 다른 방법은 없다. 행복이란 학습된 반응이다. 행복은 사전에 계획되어야 한다. 무작정 찾을 수 없다! 당신이 가져와야 한다. 계획적 행복을 실천할 때, 당신은 자신의 행복을 가져오는 모든 상황에 빠지게 된다. 자신이 빠질 수 있는 행복의 샘이 있는 셈이다. 그것을 찾을 필요는 없다. 그냥 단지 행복하게 사는 것을 연습하면 된다.'

그는 우리 자신을 벗어난 행복을 찾을 수 없다는 것을 상기시켜준다. 돈, 섹스, 초콜릿, 새로운 신발…… 등 모두 사랑스럽다고 생각한다.

하지만 그들 중 누구도 지속적인 만족을 가져올 수 없다. 그리고 나는 우리가 자신의 행복을 가져올 수 있다는 생각을 좋아한다. 그것은 엄청난 힘을 주고 자신감을 유도한다. 물론 일이 잘못된다면 우리는 자연스럽게 걱정과 염려를 느끼겠지만 이러한 자연스러운 반응으로 인해 우리는 부정적인 하향선상으로 끌려들어가지 말아야 한다. 대신 우리의 행복의 샘에 잠길 수 있다. 긍정성, 체력, 회복력 그리고 의사 결정 권력 등이 포함된다. 이것들이 어떻게 작용하는지 확인해보도록 하자.

자신만의 행복의 샘을 상상해 보아라. 언제든지 빠질 수 있는 잠잠하고 즐거운 자원이다. 이것은 오로지 생각일 뿐이라는 것을 아는 것이 얼마나 기쁜가.

연습하기

당신에게 오는 스트레스 막는 법

다음번 당신에게 힘든 일이 발생하여 당신의 스트레스 지수가 높아지는 것을 느낀다면, 아래의 행동을 하자.

1단계 : 행복한 결정을 하자. 이것은 당신의 반응을 기억하라는 뜻으로 볼 수 있다. 당신은 잠기거나 또는 수영할 수 있음을 기억하고 긍정적인 접근방식으로 다가가려고 결정하자.

2단계 : 불안감을 긍정적으로 접근하자. 스트레스는 건강상의 위험뿐 만아니라 행복 파괴자이기도 하다. 그러니 염려와 걱정을 쌓아두지 말자. 당신이 단지 대처할 수 없는 느낌을 느끼고 있다고만 인정하자. 또한 우리 모두가 때때로 이렇게 느낀다는 점을 기억하자.

3단계 : 상황에 대한 현실적인 판단을 하자. 이것은 당신이 정확히 어떠한 이유 때문에 대처할 수 없다고 생각하는지 판단하는 것을 의미한다.

4단계 : 상황을 해결하기 위해 무엇을 할 수 있는지 자신에게 질문하자. 자신이 할 수 있는 것이 없다면 그냥 포기하자. 그리고 할 수 있는 무언가가 있다면 행동계획을 만들자.

5단계 : 당신이 취해야 할 행동 리스트를 작성하자. 그리고 행동하자. 작은 단계부터 차근차근히 말이다. 딜레마를 풀기 위해 차근차근 행동해 가는 것으로부터 당신은 통제력을 되찾고 더 많은 자신감을 얻을 것이다. 그리고 이 모든 것은 당신이 행복한 결정을 내렸기 때문에 가능하다.

이것을 고려해라 : *깊은 근본적 감정 패턴은 자부심과 행복을 높이기 위해 하는 모든 노력을 방해할 수 있다.*

【 사례 연구 】

39세인 닉(Nick)은 투자 은행가로서 그의 여자 친구 세라(Sarah)가 생일선물로 나와의 인생 교육을 구입해 주었다. 처음에 그는 나의 교육이 어떤 방식으로 그를 도울 수 있을지 의심했기 때문에 말하기를 꺼려했다. 결국 마지막에는 그가 잃을 것이 전혀 없다고 생각하여 시도하게 되었다. 예약한 고객들이 말하는 게시

판으로 나를 사용할 수 있음을 알게 되면, 나와의 교육으로 가장 이득을 받는 고객들이다.

닉은 나에게 '좋은 일이 일어났을 때 스트레스를 받고 포기하는 지루한 패턴'에 대하여 이야기했다. 그는 세라가 그의 부정적인 태도에 지쳤다고 얘기했다. 그에게 모든 것이 순조롭게 풀릴 때 그녀가 가장 많이 느꼈다고 했다. 그녀는 나의 책 〈주말 삶 코칭〉을 사서 읽으라며 그에게 주었다. 그는 이러한 부정적인 패턴이 그의 행복을 제한하고 있음을 알았다.

우리는 이 패턴을 자세히 조사하고 뿌리를 찾기 위하여 두 세션을 보냈다. 무의식적인 패턴을 정확히 어떻게 작용하는지, 왜 이것을 반복하는지 알 수 있도록 의식적으로 만들어야 한다. 물론 이것이 우리에게 좋게 작용하지 않는다 해도 말이다.

나는 그가 좋은 일이 방금 일어났을 때 그가 부정적인 구렁텅이로 빠져들면서 어떻게 자신을 방해 했는지 실제 예를 물었다. 가장 최근에 반응한 것은 그와 세라가 약혼을 발표했을 때라고 말했다.

"나는 '약혼' 파티가 열리는 동안 이상하게 느껴지기 시작했다. 끝날 무렵, 나는 끔찍한 실수를 저질렀다는 생각에 사로잡혔다. 그 후 나는 슬럼프에 완전히 빠졌고 며칠 출근도 안 하고 시간을 가졌다. 이 시기에 세라가 닉에게 나에게 가서 말해 보라고 했다."

그의 반응은 어떠한 두려움에도 근거하지 않은 것이 분명했다. 그는 세라에게 청혼했고 그들은 5년간 행복하게 잘살고 있기 때문이다. 그리고 그는 그의 반응이 매우 비이성적이고 좋은 일이 일어날 때 두려워하는 경향이 있음을 알았다. 닉은 결국 그가 4살 때 그의 형이 6살 때 일어났던 비극에 대하여 이야기했다. 그의 가족들이 바다에서 휴가를 보내고 있을 때 그의 형이 바다에 빠져 사망했다. 그리고 그는 그의 가족들이 여전히 이것으로 인한 타락을 경험하고 있다고 느꼈다. 닉은 형이 사망한 날로부터 36년이 지난 지금까지도 진행상황이 좋을 때마다 이 사건을 경고로 사용하며 이 사건과 연관을 지었다.

우리는 닉의 슬픔과 모든 혼합된 감정에 대하여 여러 차례 세션을 열었다. 또한 그 비극의 결과로 그의 부모님이 어떻게 그를 과잉보호했는지에 대해서도 논의했다. 그는 쉽게 두려워질 수 있는 것을 배웠던 어린 소년이 되었던 방법을 볼 수 있었고 그는 특히 잠재적으로 행복한 경우를 두려워했다. 그는 '나는 좋은 일이 발생하는 것을 멈출 수 있다면 필연적 비극을 막을 수 있다고 생각한다.'라고 말했다. 닉에게 빠르게 고칠 방법은 없었지만, 매우 행복하거나 성공적인 상황의 중간에서도 그가 두려운 마음을 느끼는 것을 인지할 수 있을 때 상황은 개선이 되었다. 마침내 그는 명상하는 것을 배웠고, 이것은 그가 자신을 패턴으로부터 분리시키는 데 중요한 역할을 했다.

행복과 자존감이 함께 가는 법

행복은 우리가 나가서 얻을 수 있는 것이 아닌 내적인 일이다. 그림 11을 보면 사람이 행복을 표현하고 만드는 몇 가지 방법을 볼 수 있다. 이러한 '행복' 습관은 '자존감' 습관이라고 할 수 있음을 알 게 될 것이다. 행복과 자존감은 맑은 밤에 달과 별처럼 합쳐진다. 그러나 이러한 미덕으로 인해 수렁에 빠지거나 과소평가 되지 않도록 주의하자. 실제보다 더 야망에 차 있다. 우리는 현재 진행형이며 우리가 가능할 경우 이러한 자질을 받아드린다.

〈 그림 11. 내적인 일의 행복 〉

우리의 행복의 정도는 우리 자신의 수준에 직접적으로 영향을 받 는다. 우리 자신의 가치가 낮을 때 우리는 비참한 생각을 품고 있는 것을 분명히 알 게 된다. 우리는 우리가 이런 생각을 하고 있다는

것을 의식하지 않을 수도 있다. 긍정적 확신(가끔은 만트라(martras)
라고 부름)은 부정적인 것에 대한 완벽한 해독제이다. 왜냐하면 그
들은 우리의 불행한 신념의 타당성에 가장 직접적으로 도전하기 때
문이다. 실제로 이것이 전체 요점이기 때문에 당신이 새로운 긍정
적인 확인을 믿을 수 없다면 걱정하지 말자. 그들은 당신의 부정적
인 믿음에 절대적으로 모순이다. 당연히 믿기 어려울 것이다. 하지
만 당신은 사고 습관을 바꾸고 기분을 변화시킬 수 있도록 그들을
믿는 연습을 해야 한다.

연습하기

자신에 관한 행복한 생각을 하자

자립 전문가 웨인 다이어(Wayne Dyer) 박사는 다음과 같이 말했
다.
"당신이 사물을 보는 방식을 바꿀 때, 당신이 보는 것들이 변화한
다."
자신의 의견과 생각이 당신의 삶의 질에 어떻게 영향을 미칠지 생
각해 보자. 자신의 행복과 성공을 방해하는 생각, 신념 및 아이디어
목록을 작성하자. 그런 다음 부정적인 목록들을 긍정적으로 바꾸
자. 다음 예제에서는 이를 수행하는 방법을 보여준다.

부정적 확언이 긍정적 확언으로

나는 중도 포기자다	⇒	나는 항상 끝마친다
나는 쓸모 없다	⇒	나는 충분히 좋다
나는 게으르다	⇒	내 자신을 사용할 수 있다
나는 싫다고 말하지 못한다	⇒	나는 내 기분을 나타낼 수 있다
나는 항상 망친다	⇒	나는 최선을 다한다.
나는 내자신이 싫다	⇒	나는 내 자질의 진가를 알아본다.
모든 일이 나에게는 안 풀린다	⇒	나는 통제할 수 있다
나는 패배자다	⇒	나는 승리자다

현재의 시제로 당신의 확언을 지켜야 한다. 왜냐하면 당신이 '~ 될 것이다.'라고 말하면 결코 실현되지 않을 것이고 미래의 약속으로 남아 있을 것이기 때문이다. 그리고 최대 효과를 얻기 위해서는 이 전략에 의심의 이익을 주어야 한다. 예를 들어, 당신의 부정적 확언이 '나는 쓸모없는 결정자이다.'일 경우 '나는 최고의 결정을 만든다.'로 바꾸자. 우유부단했던 때를 떠올리는 대신 이러한 새로운 믿음으로부터 오는 기분과 함께 하자. 긍정적 확신을 반증하는 증거를 찾으려 하지 말자. 오히려 그 사실에 입각하여 당신이 사실이라고 상상해 보자. 그러면 자신의 행동에 대한 당신의 감정이 새로운 믿음과 일치하게 될 것이다. 당신이 결정을 잘한다고 느끼면 그렇게 행동할 수 있을 것이고, 이것은 아무것도 아닌 것처럼 쉬워질 것이다.

그러나 이처럼 건성으로 다가오는 것은 좋지 않다. 오늘 아침에 일어나서 '내가 승리자다.' 라고 말했다고 당신이 승리자와 같이 느껴지지 않을 것이다.

당신의 마음은 일관된 생각을 필요로 한다. 위험한 낡은 습관을 새로운 사고방식으로 바꿀 필요가 있다. 그리고 이것은 약간의 적용을 필요로 한다.

나는 내 사무실 벽과 내 주머니, 가방, 서류가방에 확언이 붙어 있다. 나는 잔디에 물을 주거나, 샤워할 때, 운전, 요리, 글쓰기 시간 동안 긍정적 만트라만 부른다. 아마 나는 잠을 잘 때도 이러할 것이다! 나는 항상 긍정적 정신 접근(PMA)을 유지하기 위해 항상 노력하고 있다. 왜냐하면 긍정적인 것을 상기시켜야 하기 때문이다. 그렇지 않으면 힘듦의 난이도 첫 번째에서 나는 부정적 구렁텅이로 매끄럽게 빠질 것이다. 우리의 마음을 긍정적으로 훈련시키는 것은 우리의 행복과 자부심을 위해 필수적이다.

통찰력
지금 여기 있자

- 당신의 마음이 당신을 어디로 데려가던 곧바로 돌아오자. 미래를 위한 빠른 계획이나 걱정 또는 과거를 그리워하거나 후회 하는 모습 등 말이다. 인생의 소중한 순간은 바로 지금 당신이있는 평화의 완벽한 순간이다.
- 숨 쉬는 것을 의식하자. 호흡하고, 내뱉고, 호흡하고, 내뱉

226

고, 호흡하고, 내뱉고…… . 그리고 나서 당신이 그것을 알기 전에, 당신은 다시 미래에 대해 생각하고 과거를 돌아보고 있다.

• 자신을 혼란스럽게 할 때마다 현명하게 돌아가자.

선사이자 평화 활동가인 탁낫한(Thich Nhat Han)은 우리가 지금 당장 자신의 닻을 내릴 수 있는 간단하고 효과적인 방법을 설명한다. 그는 이렇게 말했다.

"호흡하자. 나는 몸과 마음을 진정시킨다. 내뱉어라. 나는 미소 짓는다. 현 순간에 살면서 나는 이것이 유일한 순간임을 알고 있다."

의식 호흡은 언제 어디서나 사용할 수 있는 기술이다. 오늘 어려운 상황에서 이 방법을 사용해 보자. 과거 또는 미래의 환상에서 길을 잃은 것을 발견했을 때 사용하자. 정신이 흐트러질 때마다 집중력을 회복할 수 있는 숨쉬기를 위식하고 정신을 차리자. 걱정 없고 생각 없는 행복한 순간을 즐겨야 한다.

7일차 | 검토하기

7일차 핵심 생각

- 알맞은 곳에서 행복을 찾고 있는지 확인해 봐야 한다.
- 성공적인 결과가 행복을 이끌기보다 대부분의 경우에는 행복이 성공적인 결과를 이끈다.
- 행동에 의심이 간다면 자신에게 질문하자. '내가 마음의 길로 잘 가고 있는가?'
- 행복과 걱정은 전염적이다. 행복한 습관을 잡아야 한다.
- 감사하자, 감사하자, 그리고 더 감사하자. 행복한 분위기가 형성될 것이다.
- 행복함은 학습된 반응이다. '밖에서' 찾을 수 없다. 당신이 가지고 와야 한다.
- 항상 긍정적이고 행복하고 자존감이 높을 수는 없다. 하지만 당신이 할 수 있을 때 이러한 자질을 받아드려야 한다.
- 당신의 의견과 견해가 당신의 인식을 걸러내는 렌즈이다. 부정적인 판단을 긍정적인 것으로 바꾸면 새로운 현실이 생긴다.
- 긍정적으로 생각하는 방법을 훈련하는 것은 당신의 행복과 자존감에 필수이다.
- 당신이 현재의 순간에 살 때 그것이 유일한 순간임을 알아야 한다.

7일차에 지켜야 할 3가지 행동 수칙

1. 오늘 만들었던 통찰력을 가져야 한다.
   예 : 나는 단지 내가 미래에 집중하여 산다는 것을 깨달았다. 나는 항상 계획하고 목록을 만들어 나를 쓰러트리고 나를 불행하게 만든다. 나는 모든 것의 '위에' 있다는 느낌을 받지 못한다.

2. 이것 뒤에 있을 수 있는 패턴(생각/감정/행동)을 고려하자.
   예 : 목록을 작성하여 내가 할 수 있다고 느낄 수 있게 한다. 하지만 이게 잘되지는 않는다. 정신적으로 육체적으로 계속 나아가려 하는데 이것이 엄청난 스트레스로 다가온다. 왜냐하면 나는 끝나지 않는 러닝머신을 달리고 있기 때문이다.

3. 가능한 답변들을 중심으로 액션 포인트를 만들자.
   예 : 의식하는 호흡 습관을 키울 것이다. 나는 의식하는 걸음을 걷는다는 생각이 좋으며 천천히 내 인생의 일부를 배우는 것이 나를 더 차분하고 행복하게 만든다는 것을 알고 있다.

이 3가지 행동 수칙을 시작해 보자.

나만의 개인적인 견해 :

....

....

견해 이면에 있는 패턴 :

나의 행동 방침 :

8일

성공을 끌어들이기

미래는 넓게 열려 있고 당신이 하는 것에 따라 미
래를 만들어 간다는 점을 명심하자.

– 페마 쇼드론(Pema Chodron, 여승, 선생님 그리고 작가)

8일 | 성공을 끌어들이기

우리 모두가 알고 있다. 모든 것은 한 가족을 이어주는 피처럼 연
결되어 있다는 것을. 모든 것은 연결되어 있다. 지구에게 닥치는
것은 지구의 손자에게도 닥칠 것이다. 인간이 생명의 줄을 엮지
않았다. 그는 단지 그것에 묶여 있을 뿐이다. 그게 이 줄에 하는
일이 무엇이든 그는 자신에게 한다.
　　　　　　　　　　－ 스쿼미시 시애틀 아메리카 원주민 부족 수장

　모든 것의 상호 연관성에 대한 우리의 인식이 우리의 진정한 잠재
력에 대하여 마음과 마음을 열어주는 것은 정말 아름다운 알림이
다.
　매력의 법칙에 대해서 들어본 지 오래전에 그리고 우주의 배치도
라는 개념이 자립적 장르에 들어가기 전에, 나는 나에게 잘 맞는 깔
끔한 철학으로 돌아가고 있었다.
　나는 운이 좋게 시작했다. 부모님 또한 그리고 여전히 그들의 전
망이 매우 긍정적이다. 나는 최고의 것이 나를 위해 일어났을 것이
라고 생각하는 법을 배웠고 대체로 그랬다. 그리고 지금 나는 이것
이 어떻게 생겼는지 알고 있다. 하지만 상황은 그들이 생각하는 것
같지 않다.

노벨상 수상자 맥스 플랑크(Max Planck)는 존재는 모든 것이 진동하고 원자보다 작은 입자 수준에서는 모든 물질이 에너지임을 발견했다. 당신의 발, 커튼, 창문을 통해 바라보는 하늘, 이 페이지, 벽 등 이 모든 물체들은 서로 다르게 보인다. 그러나 이것은 단지 환영일 뿐이다. 실제로 당신의 발과 커튼, 하늘, 이 페이지, 벽(그리고 그 밖의 모든 것들)은 동일하다. 당신의 몸은 고양이, 달, 나비, 고릴라, 애인, 비스킷, 원수 및 이 책과 동일한 물질로 만들어진다. 이것에 대하여 잠시 생각해 보자.

그리고 더 있다. 겉으로 보기에는 '견고한' 세계는 모두 단단하지 않다. 왜냐하면 존재하는 모든 것이 원자로 만들어지기 때문이다. 각각의 원자는 전자라고 하는 주위를 돌고 있는 아주 작은 입자와 함께 작은 핵으로 이루어져 있다. 원자는 사실상 포지티브, 네거티브 및 중성 전하를 띤 에너지 장이며 정기 및 자기력을 생성한다. 그래서 우리 우주는 모든 형태의 존재를 창조하는 진동 에너지의 거대한 바다이다. 이 필수 에너지는 서로 다른 주파수에서 진동하고 있으며, 미세한 것부터 밀도 있는 것까지 다른 형태의 물질을 생성한다.

우리는 고대의 영적, 신비한 전통이 항상 가르쳐 왔던 현대의 물리학과 같은 흥미진진한 시대에 살고 있는 특권이 있다. 우리의 육체는 물질로 만들어지지 않고 에너지로 만들어졌다. 모든 형태의 에너지는 상호 연관되어 있으며 서로 영향을 미친다.

책 '지금 당장 해라(Just Do It Now)'에서 이 주제에 관하여 더 많이 적었다. 하지만 여기서 우리는 자아 존중감, 행복 및 성공의 수준에서 이러한 발견이 암시하는 바를 고려할 것이다. 모든 것이 연결되어 있기 때문에 우리가 생각하고 느끼고 행동하는 방식이 다른 사람들에게 직접적인 영향을 미친다는 것을 의미한다. 물론 이것은 또한 우리도 주변 사람들의 사고, 감정 및 행동에 영향을 받는 것을 의미한다.

경험을 만드는 방법

사람과 사건은 실제로 당신의 기대의 문으로 걸어간다. 나는 이것이 약간 멀게끔 느껴지는 것을 알고 있다. 우주가 순수한 에너지라는 근본적인 진실로 돌아가 보자. 이로부터 발생하는 것은 네 가지 창조 원리이다. 그림 12를 참조하자.(나의 책 지금 당장 해라(Just Do It Now에서 발췌)

당신의 에너지는 자석 같아 이끄는 힘을 가지고 있다

원자는 양성, 음성 및 중성 전하를 띤 에너지 장이므로 전기 및 자기력을 생성한다. 전기는 끌어당기고, 자력을 만들어 당신에게 끌어준다. 문제는 바로 당신이 지금 당신의 삶에 무엇을 끌어들일 것인가이다.

물고기가 탱크의 물속에서 무의식적으로 헤엄쳐나가듯이 우리는 전자기학의 보편적인 바다에서 무의식적으로 수영한다. 우리를 둘

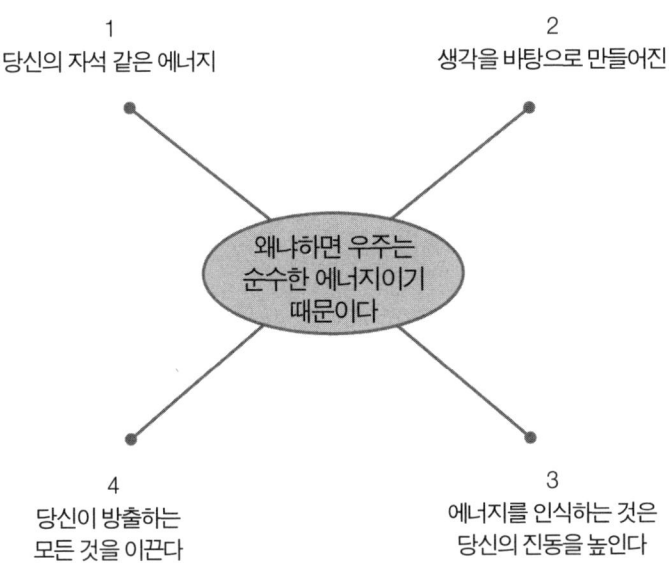

1
당신의 자석 같은 에너지

2
생각을 바탕으로 만들어진

왜냐하면 우주는
순수한 에너지이기
때문이다

4
당신이 방출하는
모든 것을 이끈다

3
에너지를 인식하는 것은
당신의 진동을 높인다

〈 그림 12. 4가지 창조 원리 〉

러쌍 민감하고 섬세한 '바다'에 등록하는 우리의 생각, 감정 및 행동 모두 말이다.

유치 및 격퇴를 지배하는 법칙은 전자기적으로 작동한다. 즉 특정 품질 또는 진동의 에너지는 유사한 유형 및 진동의 에너지를 끌어들이는 경향이 있다. 당신의 인생에서 일어났던 놀라운 '동시적' 순간들, 그리고 옳은 걸로 밝혀진 '직감'에 대해 생각해 보자. 이것들이 실제로 작용하고 있는 원리의 예이다.

심리학자 칼 융(Carl Jung)은 '동시성은 인과 관계가 없는 사건의 상호연결 또는 단결이 있음을 시사한다.'고 말했다. 개인 자기력의 힘을 인식하고 반응할수록 더 강력해질 것이다! 통찰력, 직감 및 감정적인 반응을 신뢰하는 삶의 더 큰 그림과 연결하자마자 자연스럽게 장소로 들어가지는 방식을 자주 보게 된다. 의미와 목적을 더 찾을수록 더 많이 발견할 수 있다.

그들이 필요로 하는 에너지를 기다리는 사람들은 시작이 늦어지는 반면, 그들이 필요한 에너지가 그들 속에 있다는 것을 알고 있는 사람들은 자신의 삶의 창조적인 흐름 속에 쉽게 적응할 수 있다.

연습하기

당신의 직감을 사용하고 있는가

조용한 자세로 앉아서 심호흡을 하자. 몸과 마음을 편안히 하고 당신의 직감에 집중하자.

1. 당신의 직감과 어떤 느낌이 연관되어 있는가?

....

....

2. 이러한 감정을 환영하는가? 또는 두려운가?(또는 그 이외의 감정?)

....

....

3. 직감을 믿고 행동해서 상황이 잘 돌아갔던 세 번의 시간을 생각해 보자.

....

....

....

4. 당신의 직관적인 목소리로 당신이 해야 할 일을 세 가지 적어 보자. 이것들은 메일을 보내거나 책을 읽는 것과 같이 작은 것이거나 변화하는 직업, 끝나는 관계 등 더 큰 이슈일 수 있다.

....

....

....

5. 왜 당신의 직감에 충실하지 않았는가?

....

....

....

....

우리 중 대부분은 우리의 본능을 따르도록 권장되지 않았다. 우리는 사물을 추론하고 가르침을 받았을 가능성이 더 크다.

물론 우리의 삶이 균형 있고 조화로운 경험이 되려면 두 가지 특성이 모두 필요하다.

당신의 직관적인 목소리는 내면의 지혜의 장소에서 비롯되며 더 많은 것을 알게 되면 더 강력해질 것이다. 당신이 당신의 긍정적 자력을 향상시킨다.

직감은 감정, 통찰력, 충동, 꿈을 통해 말한다. 그것은 당신의 영적, 정서적 에너지의 '아는' 목소리이며 항상 당신에게 에너지를 공급하고 창의력과 사람들을 이끌게 할 것이다.

자신의 어떤 미래를 원하는가? 하고 싶은 것과 완전히 다른 무언가가 있는가?

당신은 당신의 삶을 어떤 식으로든 바꿀 큰 소망을 가지고 있을지도 모른다.

하지만 변명을 일으키기 때문에 계획을 실천에 옮길 수 없다. 아마도 당신은 변화와 어느 정도의 위험을 감수해야 하기 때문에 직감을 따르는 것을 두려워할 것이다.

그러나 자부심, 행복과 성공은 자기인식과 욕망을 활성화시키는 자신의 능력에 달려있다. 그래서 자신 스스로를 따라야 하는 것이 중요하다. 위험에 당신의 직감을 무시해라!

자신감을 위한 조언
당신의 직감적 힘을 길러야 한다

과학적 연구는 본능적인 반응이 육체적 반응과 감정적 반응임을 입증한다. 위장에는 감정적인 상태에 반응하고 우리의 무의식적인 결정에 영향을 줄 수 있는 많은 신경세포가 있다. 나중에 이러한 결정이 의식적으로 될 때, 이것이 우리가 '알고 있는' 것임을 인지하게 될 것이다. 우리가 보았듯이, 직관력을 사용하여 연습하면 할수록 더욱 강하고 신뢰할 수 있다.

다음을 시도하자

• 당신의 직감을 진지하게 생각해 보자. 가치를 두고 매일 내면의 목소리에 귀 기울이는 시간을 내어주자. 조용한 곳을 찾아 휴식을 취하고 마음을 쉬게 하자. 생각이 들어왔다 나갔다 할 것이다. 그러나 계속해서 호흡하자. 이 편안한 상태에서 당신은 당신의 내면세계를 더 잘 알게 될 것이다.
• 상황을 염두에 두고 직감에게 도움을 청하자. 즉각적인 응답을 얻을 수 있지만, 대부분 다른 일을 하고 있거나 할 때 응답이 올 것이다. 아무것도 기대하지 말자. 그러나 당신이 여기에 강한 의도를 표현한 것을 알고 그걸로 인하여 성장하고 잘할 것이다.
 • 일상생활에서의 자연스러운 본능적 내면 반응에 주목하자.

예를 들어 누군가의 기분을 '알아차리고' 지금은 무언가를 부탁할 때가 아닌 것을 '아는 것' 이다. 아니면 '우연' 으로 생각한 것에 더 의미를 갖기 시작하고 거기에서 해답을 찾는 것일 수도 있다. 내면의 목소리는 일상의 의식을 확장시키는 것일 뿐이므로 직관적이게 행동하는 것을 연습하자.

• 어려운 상황이 발생했을 때 무엇을 해야 할지 모르는 경우 내면으로 들어가 본능적인 반응을 확인하자. 당신 스스로 '느끼는' 것이 무엇인가? 답이 없다면 그 자체로는 반응하지 말고 때를 기다리라는 메시지다.

직감으로 좋은 친구를 사귈 수 있다면 강하고 믿을 만한(내면의) 파트너가 될 것이다.

당신의 초점이 현실이 되도록 생각 양식을 따르자

생각은 창조적으로 활력이 넘친다. 우리가 끊임없이 무언가에 집중한다면 우리는 내면의 생각과 감각의 세계로부터 에너지를 끌어내어 외부세계에서 무언가를 창조하기 시작한다. 모든 것이 생각에서부터 시작된다. 점심식사, 당신이 앉아 있는 의자, 당신이 사는 집, 당신의 계획, 인터넷, 휴대폰, 일요일 신문, 모든 것이 에너지이며 이 에너지는 우주 안에서 다양한 형태로 나타난다.

마음 에너지(생각)는 변하기 쉽고 빠르며 높은 진동(순간적으로 발생하는)을 가지고 있다. 우리는 하루에 50,000가지의 생각을 경험할 수 있다. 얼마나 빠르게 생각이 왔다 가는가. 물질은 밀도가 높은 에너지로 보다 작고 느리게 움직이고 변화한다. 그래서 나는 멋진 지미 추(Jimmy Choo) 신발 한 쌍을 원한다고 생각할 수는 있지만, 생각하는 만큼 신속하게 표현할 수는 없다.(창피하다!) 앞에서 언급한 신발처럼 전자기력을 자극하여 신발을 삶과 당신의 발 앞으로 끌어들일 수는 없다. 좀 더 오랜 과정이 필요하다. 다음의 옵션을 고려해 보자.

1. 나는 지미 추 신발을 지속적으로 원한다.
2. 지미 추 신발을 신으면 어떨지 지속적으로 생각한다.
3. 나의 신발장을 매번 볼 때마다 아름다운 빨간 신발을 보게 되고 이것이 이미 내 것이라 느낀다.
4. 나는 지미 추 매장에 가서 빨간색 하이힐에 빠졌다. 그것을 신어보고 매장 내부를 돌아보았다. 정말 너무 예쁘다.
5. 나는 현실적으로 나의 자금 사정을 고려하였고 두 달 후에 살 수 있다는 것을 확인했다. 이 신발은 두 달 후에 내 것이 될 것이다.

만약 내가 이 신발을 그냥 바랄 뿐이라면 환상으로 남을 것이다. 그러나 이것에 대하여 끊임없이 생각하면 내 생각에 이것의 방향에 초점을 맞추게 되고 강한 생각이 그림을 만든다. 나는 이것을 시각화 했다. 지금까지 나의 전념은 강화되었고 나는 매장을 떠났다. 나는 이 신발이 내 것이 될 것을 알게 되었다. 나는 이 신발이 너무 갖고 싶어 나의 자금 사정을 관리할 것이다. 그래서 나는 2개월 후에 지미 추 신발을 구입할 수 있다. 결과는 당연하다! 내 아이디어는 이미지를 만드는 청사진이다. 이미지는 자력을 발휘하여 물리적 에너지를 지향하는 형태로 흐르고 결국 물리적 현실에서 실현된다.

우리는 간단한 것을 만드는 것을 상상하는 것이 매우 쉽다는 것을 알고 있다. 잼을 바른 토스트를 만드는 것, 상점에 차를 몰고 가는 것, 친구를 만나고 또 누군가의 생일선물을 사고, 자전거를 타고 출근하는 것……. 이것들은 모두 창조적 행위이다. 당신은 이 간단한 자화 과정을 사용하여 모든 일생을 자동적으로 나타낸다. 창의적인 프로세스를 알기 시작하자.

1단계: 당신은 무언가를 원한다.
2단계: 당신은 그것을 갖고 싶다.
3단계: 당신은 그것을 가질 수 있도록 동기 부여된다.

어떤 일이 일어나길 원할 때 똑같은 과정을 사용한다. 무언가를 갖는 당신의 아이디어는 당신이 창조할 모델을 설정한다. 그리고 당신의 감정의 힘(의도, 욕망, 동기 부여)은 당신의 생각을 자극하고 그들을 당신의 내면세계에서 당신의 바깥세계로 보여준다.

생각 에너지 × 감정 에너지 → 물질적 에너지

빠른 퀴즈

당신은 지금 얼마나 긍정적으로 생각하고 있는가?

	예	아니오
나는 지금 웃고 있는 것 같다		
나는 미래에 대해 걱정한다		
나는 내 자신이 좋다		
나는 후회를 하고 미련을 갖고 있다		
나는 좀 더 편안하게 느끼고 싶다		
나는 다른 사람과 나를 비교한다		
나는 긍정적 상태를 증가시키는 방법을 안다		
나는 자기비판적이다.		
나는 '할 수 있다' 는 에너지가 높다		

자기표현의 본질이 에너지를 높이거나 낮추는 데 얼마나 즉각적인 영향을 미치는지 주목하자. 에너지 고갈활동을 피하자. 그냥 그만하자. 긍정적인 다이얼을 켜고 이것이 당신에게 어떻게 영향을 미치는지 보자. 자신이 생각하는 것, 감정, 기대, 통찰력, 끊임없는 것들 등등.

어느 정도는 다른 사람들이 당신의 활기찬 표현을 총체적으로 받아드리고 응답할 것이다. 그러니 자신의 장엄한 자아를 받아드리고 표현하고 반응을 기다리자.

당신이 내뿜는 모든 것이 당신을 이끌기에 긍정적이게 내뿜어야 한다

당신의 자기장을 당신의 활기, 열정 및 에너지 수준으로 생각하자. 지금 얼마나 떨리고 있는가? 최선을 다하는 느낌이 들지 않는다면 더 많은 에너지 향상 활동에 참여하고 에너지를 고갈하는 습관들을 버려서 의식적으로 자신의 영혼을 키울 수 있게 하자. 당신의 내뿜는 상태를 확인하자.(243쪽의 빠른 퀴즈 참조)

당신의 활력을 업그레이드하는 10가지 방법

1. 음악을 틀고 춤을 추자!
2. 웃자.(진짜 웃을 수 있을 때까지 속이자.)
3. 긍정적인 친구에게 연락하자.
4. 산책을 하자.
5. 살아 있음에 감사하자.(결국 이것은 꽤 놀랍다.)
6. 누군가에게 무언가를 주자.
7. 밖으로 나가 심호흡을 하자.
8. 당신의 긍정적 에너지를 최대치로 끌어올리는 상상을 하자.
9. 낯선 사람과 연결되자.
10. 익명으로 친절을 베풀자.

에너지에 대한 인식은 당신의 활력을 일으킴으로
당신의 응답에 대해 더 의식하게 된다

소설가 파울로 코엘료(Paulo Coelho)는 그의 훌륭한 말로 우리의 눈을 뜨게 만드는 작가이다. 그는 이렇게 말했다. "당신은 매일 비슷한 것을 보면서 자신의 눈을 멀게 할 수 있다. 매일 매일이 다른 날이고, 그날의 기적을 전달한다. 이 기적에 관심을 기울이느냐가 전부다."

따라서 우리의 인식 수준은 우리의 관심 수준에 달려있다.

이것을 상상해 보자. 당신이 마을로 운전하다가 갑자기 타워형 주차장에 '왔다.' 그리고 당신은 자동 조종장치로 여기까지 차를 몰고 온 것을 깨닫게 된다. 당신은 여기까지의 여행에 대하여 아무것도 기억할 수 없지만, 당신은 여기에 있다. 당신은 표를 사기 위하여 차에서 내리고, 콘크리트 벽면으로 둘러싸인 환경에 소외감을 느낄 것이다. 당신은 여기에 있는 게 좋지 않고 에너지가 떨어지는 것을 느낀다. 주차장을 떠나 북적이는 쇼핑몰에 들어간다. 모두는 서두르고 있으며 너무 정신없게 느껴진 당신은 커피숍으로 향했다. 카운터 뒤의 여성은 큰 웃음으로 당신을 반겼다. 아, 지금 기분이 훨씬 나아졌다. 그리고는 친구가 내 휴대폰으로 전화가 왔다. 그리고 나는 소식을 들을 수 있었다. 쇼핑몰을 나오고 나니 당신은 쇼핑을 하고 싶은 기분이 든다.

경험을 통해 실행되는 인식의 실마리를 관찰하자. 운전할 때는 당신은 완전히 참여하지 않았다. 그리고 점차적으로 깨닫게 되었을 때 당신의 기분도 떨어졌다가 다시 올라왔다. 이러한 감정 기복을 비판적이지 않은 방법으로 조정하기 위하여 어떻게 반응할 것인지에 관심을 갖자. 당신의 '낮은' 에너지에 대한 인식을 재고함으로써 당신은 훨씬 더 많은 것을 할 필요 없이 당신의 경험이 변함을 알게 될 것이다. 그리고 당신의 '고양된' 에너지에 대해 더 잘 알게 되면, 이 에너지는 당신의 의지대로 '시작할 수 있는' 특정한 감정 톤(높은 활력)을 가지고 있음을 인식하게 될 것이다.

모든 것과 모든 사람들은 연결되어 있으며 세계는 두 가지 측면, 즉 눈에 보이는 것과 보이지 않는 것이라는 것을 알게 될 것이다. 이것은 미묘하고 '보이지 않는' 에너지를 이해함으로써 우리가 볼 수 있는 현실을 바꿀 수 있음을 의미한다.

이것을 고려하자 : *실제로 성공을 두려워하기 때문에 목표에 도달하지 못할 수 있다.*

【 사례 연구 】

로즈(Rose, 50세)는 사서이며 '성공하기'라는 워크숍에서 만났다. 나는 그룹이 발전시킬 수 있는 놀라운 에너지와 다른 사람들의 이야기를 들으면서 많은 것을 얻는 것을 좋아한다. 우리 모두는 시련과 고난의 삶을 공유하며, 이 사실만 기억한다면 매우 치유될 수 있다.

그룹의 누군가가 '성공의 압박'에 대하여 본 것을 이야기하기 시작했다. 그는 그가 목표를 달성하고 나면 달성 수준을 유지해야 하는 것에 대한 불안감에 대해서 설명했다. 다른 이들은 높은 자기기대가 성취와 성공보다는 실망과 절망으로 이어질 수 있다는 생각을 이야기했다. 이것은 자연스럽게 다음과 같은 것에 대한 토론으로 이어졌다. 충분히 뛰어난, 완벽주의와 우리 내부 비판의 잠재적 처벌 행위가 해당된다. 그 후 워크숍은 참가자들이 자신의 유리천장(자신의 한계점)을 고려하여 그들을 억제할 수 있는 신념의 패턴을 찾을 수 있는 단계로 넘어갔다.

이 워크숍이 끝난 후 로즈는 나와 코칭 세션을 가졌으며 그룹 활동에서 그녀를 위해 나왔던 몇 가지 사항에 대해 이야기했다. 그녀는 다음과 같이 말했다.

"'목표달성'과 '꿈을 향하여 가는 것'에 관한 모든 이야기는 항상 저에게 부정적인 영향을 미칩니다. 그 일이 일어날 수 있기 위해 최선을 다해야 한다는 것을 알 때 절망감을 느낍니다. 그래서 저는 이 모든 끔찍한 혼란에 빠지게 됩니다. 워크숍 소그룹에서 저는 자신이 얼마나 열심히 했는지 깨달았습니다. 또한 다른 사람이 실수를 저질렀을 때 그들을 매우 비판하고 있다는 것을 알았습니다."

2주 후 다시 그녀를 만났을 때 로즈는, 아버지는 20년 전에 돌아가셨고 그녀는 지금까지 '그녀의 마음에 아버지를 가두어놓았다.'고 말했다. 로즈의 아버지는 군인이었고 로즈는 어린 시절 그를 기쁘게 하려고 애를 썼다고 한다.(불가능한 일이지만.) 그리고 그녀를 칭찬한 적을 단 한 번도 기억할 수 없다고 말했다.

많은 세션이 끝난 후 로즈는 분노를 떨쳐버릴 수 있게 되기 시작했고, 그녀는 자신의 내면 비판으로 아버지가 완전히 물러간 것을 알게 되었다. 그녀가 해야 할 내면의 작업들이 더 많지만 그녀가 말하는 것처럼 그녀의 감정은 이제 '열린 상태'에 있다. 그리고 그녀는 자신과 다른 사람들에게 지속적인 자각과 친절로 자신의 상처를 치유할 수 있다고 확신한다. 그녀의 삶에 행복과 성공의 길이 열렸다.

> 내면의 비판가가 당신의 자신감을 무너뜨리게 해서는 안 된다. 끊임없는 자기비판은 자신의 믿음을 훼손할 것임을 명심하자.

연습하기

감사하는 아름다움 연마하기

이전에 감사에 대해 이야기했지만, 이제 우리는 진정한 가치를 발견하기 위해 더 깊이 파고들 것이다.

감탄, 감사, 즐거움 및 놀라움을 느낄 때, 우리는 정말로 감사한 경험을 하고 있다. 진실한 감각의 눈으로 보고 또 바라볼 것을 요구한다. 오늘 이 연습을 해보자. 가장 표면적인 것에서부터 심층적인 것까지 다양한 감사가 있다. 오늘 감사하는 방법을 알아야 한다. 해보자.

- 존경하고 즐기기 위해 무언가, 사람 또는 이벤트를 찾는 것에 감사하자.
- 피상적인 감상이 어떻게 느껴지는지 알아차리자.
- 더 깊은 곳으로 가서 감각의 눈으로 다시 보자.

이것을 하기 위한 올바른 방법은 없다. 감사와 경이의 수준을 심화시키기 위해 마음을 열어보는 실험적인 접근 방식이라 생각하자. 감사는 인식 증대의 열쇠이며 우리는 이 인식이 어떻게 우리 내부 에너지를 바꿀 수 있는지에 따라서 우리의 외부 현실을 변화시킬 수 있음을 알고 있다.

통찰력
모든 에너지를 뺏는 행동 제거

우리의 에너지 분야는 자성이기 때문에 잠재적인 에너지를 뺏어 가는 습관에 대하여 주의를 기울이는 것이 중요하다. 부정적으로 잠겨 있는 자신을 발견하고, 심지어 우리가 어떻게 거기에 도착했는지 모르는 것은 너무도 쉽다. 다음 목록을 보고 자신의 자기장을 고갈시키는 것이 무엇인지 정확히 알아보자.

당신은 이런 사람인가?

남을 탓한다 — 이것은 자기 연민에 접근하는 조기 경보 신호이다. 누군가를 비난하거나 곧 비난할 사람을 찾자마자 그곳에서 멈추고 자신이 하는 일을 주목하자. 우리는 모두 '비난게임'에 빠지기 때문에 이것에 대하여 자신을 비난하지 말자. 이럴 때마다 그냥 당신은 당신의 창조적인 힘을 당신의 '희생자'에게 내어주고 있음을 기억하자. 에너지를 비난하는 것은 매력적이지 않으며 항상 모든 것을 읽는 시나리오로 이어진다.

후회한다 — 당신이 실수했을 경우 당신이 할 수 있는 것은 실수에서 배우고 앞으로 나아가는 것이다. 당신이 지금 할 수 있다면 보상하고, 할 수 없다면 현재의 순간, 당신의 강력한 에너지가 있는 곳으로 나와야 한다.

다른 사람이었으면 한다 — 당신이 이것을 할 때마다 당신은 세상에서 당신만의 가장 독특한 장소를 거부하는 것이다. 다음 번에는 다른 사람들과 선호하지 않는 비교를 하고 있음을 깨닫게 되고 긍정적인 판단을 내리자. 나는 나인 것이 좋은 것이다. 연습을 계속하면 이 해로운 습관을 깰 수 있을 것이다.

비판적이다 — 당신의 자신감에 문제가 있다는 초기 징조이다! 당신이 판단하는 사람이 누구든, 당신이든 다른 사람이든, 항상 이것은 나쁜 소식이다. 이러한 행동은 당신을 약화시킬 것이기 때문이다. 자신이나 다른 사람들 중에서 최악만을 찾고 있다면 절대 당신이 최고가 될 수 없다.

모든 에너지를 뺏는 행동을 멈추고 당신의 자기장을 밝고, 환하고 빛나도록 하자. 개인 에너지를 조정하고 긍정적인 활력을 느껴보자. 당신이 가는 곳마다 활력이 있을 것이다. 좋은 에너지가 되도록 하자.

8일차 | 검토하기

8일차 핵심 생각

- 우리의 육체는 물질로 만들어지지 않고 에너지로 만들어진다. 모든 형태의 에너지는 상호 연관되어 있으며 서로 영향을 미친다.
- 사람들과 사건들은 우리의 기대를 뛰어넘는다.
- 개인의 에너지 힘을 인식하고 반응할수록 더 강력해질 것이다.
- 당신의 감정은 당신의 가장 깊은 이야기를 표현하며, 당신의 직감은 이러한 요구에 반응하도록 촉진한다.
- 직관력을 사용하는 것을 연습하면 할수록 더욱 강력하고 안정적이게 된다.
- 생각은 창조적으로 활력이 있다.
- 최선을 다하는 느낌이 들지 않는다면, 에너지를 더 많이 소비하는 활동에 참여하고 에너지를 고갈시키는 습관을 버리면 의식적으로 정신을 고양시킬 수 있다.
- 다른 사람들은 당신의 활력 넘치는 표현의 총체에 따라 행동하고 반응한다. 그러니 당신의 장엄한 자아를 받아드리고 표현하고, 반응을 관찰하자.
- 미묘하고 '보이지 않는' 수준의 에너지를 인정하고 이해함으로써 현실을 바꿀 수 있다.
- 실제로 성공을 두려워하기 때문에 목표에 도달하지 못할 수도 있다.

- 개인 에너지 필드를 조정하고 긍정의 떨림을 느껴보자. 당신이 가는 곳마다 좋은 긍정의 떨림을 가져가자.

8일차에 지켜야 할 3가지 행동 수칙

1. 오늘 만들었던 통찰력을 갖자.

   예 : 우리 모두가 어떻게 열정적으로 연관되어 있는지 생각할 때, 나는 왜 내가 부정적인 사람들과 함께 내 자신을 에워싸고 있는지 궁금하다.

2. 이것 뒤에 있을 수 있는 패턴(생각/감정/행동)을 고려하자.

   예 : 나는 다른 사람들의 감정에 예민하다. 그리고 종종 그들이 그들의 문제를 얘기하려 한다. 내가 듣기 싫더라도 나는 그들의 이야기를 들어주어야 한다고 느낀다.

3. 가능한 답변들을 중심으로 액션 포인트를 만들자.

   예 : 나는 다른 사람들의 부정적인 행위로부터 내 자신을 지키겠다고 생각했다. 다른 사람들의 불평과 불만을 들어주는 것을 그만할 것이며 필요하다면 그냥 지나쳐버릴 것이다.

이 3가지 행동 수칙을 시작해 보자.

나만의 개인적인 견해 :

....

....

....

....

견해 이면에 있는 패턴 :

....

....

....

....

나의 행동 방침 :

....

....

....

....

9일

대인관계 형성하기

사랑을 원하고 추구할 때는 단호해지는 것이 쉽
지 않을 때가 있다.

— 니키 젬멜(Nikki Gemmell, 저널리스트 겸 작가)

9일 | 대인관계 형성하기

진정한 관계는 나 자신과의 관계이다. 그 밖의 관계는 이를 따라
하는 것뿐이다.

– 삭티 거웨인(Shakti Gawain, 작가)

당신을 대하는 다른 사람의 태도가 변하길 바랐던 적이 있는가?
당신과 공감하는 상사와 너그러운 어머니, 그리고 포용적인 친구와
이해심 많은 배우자가 있었다면 인생이 얼마나 행복할까!(당신의 상
황을 놓고 생각해 보자.)

다음 표를 작성해 보자.

사람들이 변화되었으면 하는 방식

이름 ...., 이 사람이 ....게 변화되었으면 좋겠다.

이름 ...., 이 사람이 ....게 변화되었으면 좋겠다.

이름 ...., 이 사람이 ....게 변화되었으면 좋겠다.

아니면 완벽한 남자나 여자가 당신의 레이더망에 걸리길 바랐을지도 모른다.(이런 상상을 해보지 않은 사람이 어디 있겠는가?). 하지만 드라마 속 주인공이 되기를 바라며 이상형의 남자나 여자를 기다리는 것은, 결국 당신을 주연이 아닌 욕망에 희생되는 조연으로 만들 뿐이다.

관계에 관한 7가지 사실

'주말 사랑 코치(Weekend Love Coach)'를 쓰면서 관계론에 관한 과거와 현재의 연구결과를 찾아보았다. 또 온라인 설문조사를 실시했고, 많은 사람들에게 자신의 경험과 생각에 귀를 기울여볼 것을 일러주었다. 그리고 이 과정을 통해 몇 가지 매우 흥미로운 결론을 얻게 되었다.

1. 우리는 다른 사람을 변화시킬 수 없다.
2. 자신의 태도를 변화시켜야만 관계의 본질을 바꿀 수 있다.
3. 바람직하지 않지만 정신적인 이유로 끊기 어려운 관계도 있다.
4. 자신을 존중할 때 우리는 사랑의 자석(매력적인 존재)이 될 수 있다. 아니면 사랑의 희생자가 될 뿐이다.
5. 자신에게 충실할 때 좋은 관계를 선택할 수 있다.
6. 가끔은 아무 말 없이 떠나는 것이 최선일 때가 있다.
7. 관계에 설정해 놓은 제한과 규칙의 경계가 뚜렷할 때, 건강한

관계를 맺을 수 있다.

또 다른 변화, 자신을 변화시키기

여성의 경우 다른 사람을 변화시키려는 생각에 열중하며, 삶 전반에 걸쳐 이런 변화를 시도한다. 여자의 인생에 끼어든 남자를 바꾸기 위해 최선의 노력을 하면서 말이다!

제리 홀(Jerry Hall)은 믹(Mick)의 바람기가 멈추기를 기다리며 25년을 참았다. 그녀는 이렇게 말했다.

"정말로 남편을 바꿀 수 있다고 생각했어요. 믹이 안정을 되찾고 멋진 아빠이자 남편으로 돌아올 거라고 말이죠." 하지만 끝내 그녀는 포기하고 말았다. 거의 모든 여성들은 상대방의 단점을 바꿀 수 있다는 그릇된 믿음을 갖고 있다. 하루빨리 이런 망상에서 벗어나지 않는다면, 추락하는 자존감으로 인해 부정적인 악순환에 빠지게 될 것이다.

변화시키고 싶은 사람의 이름과 그 방식을 기록한 표를 다시 보길 바란다. 어떻게 이 사람들을 변화시킬 수 있을까? 이 중 누구라도 성공적으로 변화시킨 사람이 있을까? 진실은 간단하다. 바로 아무도 바꿀 수 없다는 것이며 바꾸려고 할수록 상황은 더욱 악화만 된다는 것이다.

누군가 변화되기를 기다릴 때마다 에너지를 쏟음으로써 결국 당신은 희생자가 된 것처럼 느끼게 되기 때문이다. 행복이 다른 사람의 행동에 달려있다면 당신은 자신에게 주어진 삶을 온전히 살 수

없으며 자존감이 낮아질 뿐만 아니라 무기력함과 분노까지 느끼게
될 것이다! 이런 에너지 소모를 경험했던 가장 최근을 떠올려보자.
그 결과는 어땠는가?

또다시 누군가가 변하기를 바라며 기다리는 자신을 보게 된다면,
즉시 하던 것을 멈추고 그런 생각으로부터 해방시켜줄 다음의 놀라
운 진리를 음미해 보자.

> *사람들이 나를 대하는 방식은 내가 스스로를 대하는*
> *방식이 반영되어 나타난 것이다.*

즉 당신이 맺는 관계의 형태는 당신이 하는 사고와 느끼는 감정,
갖고 있는 신념 그리고 관계를 통해 무엇인가 얻고자 하는 기대치
에 달려있다. 자신을 존중하는 마음이 강할 때, 당신을 대하는 사람
들의 반응과 대우는 당신이 마땅히 받아야 할 존경심과 함께 수반
될 것이다. 자신을 사랑하고 인정한다면 당신이 원하는 형태로 사
람들과 관계를 맺을 수 있을 것이다.(관계를 맺는 방식과 사고, 감정,
신념, 기대치 중 당신이 발산하고 있는 특성은 어떤 것인지 떠올려보자).

이와 마찬가지로, 자신을 나쁘게 대하면 사람들도 이와 똑같이 당
신을 대할 것이다. 자신을 피해자로 만들면 그런 피해자를 찾고 있
는 부류의 사람들과 관계를 맺게 될 것이다. 자존감이 낮으면, 당신
이 가치 있는 사람이 아니라는 것을 모두에게 인식시키는 데 그리
오랜 시간이 걸리지 않을 것이다.

마지막으로 당신이 자신을 비난하면 머지않아 모든 사람의 희생
양이 되어 있는 자신을 발견할 수 있을 것이다.

관계는 우리가 만들어 가는 것이다. 하지만 특히 외부적 요인 때문에 이런 사실을 기억하기 힘들 수 있다.

우리는 로맨스 소설과 이와 비슷한 이야기를 읽고 접하며 자랐다. 이를 통해 행복하고 건강하며 충실한 삶은 내면에서 찾을 수 있는 것이 아니라는 것을 학습 받아 왔다. 하지만 당신은 결코 백마 탄 왕자와 공주를 찾지 못할 뿐더러 실망만 하게 될 것이다.

이 책을 쓰고 있는 지금, 마빈 게이(Marvin Gaye)의 노래가사 한 구절이 떠올랐다.

'아이를 생각하는데 바빠서 아무것도 할 시간이 없어요.' 본 가사가 의미하는 것은 아이와 엄마의 관계가 좋다는 것이 아니다. 사람들의 사랑에 관한 대중적인 견해의 한 예를 보여주는 것이다. 가사의 단어 하나하나를 주의 깊게 들어보고 요점이 무엇인지 확인해 보자.

이와 같이 관계의 초점에 변화를 줄 경우 그 초기에는 흥미를 느낄 수도 있지만 한편으로는 위험하다는 감정과 심지어는 알 수 없는 무언가를 잃어버렸다는 상실감마저 느낄 수 있다.

에너지를 소모하는 일에 사로잡히는 이유는 무엇일까? 아마도 누군가 우리를 돌봐주길 바라는 마음 때문일 것이다. 현재 우리가 맺고 있는 관계의 패턴은 부모님과 맺고 있는 관계와 매우 밀접하게 관련되어 있다.

아기는 주위에서 발생하는 정서적인 변화에 민감하게 반응한다. 부모의 정서적인 고통을 인식하자마자 행복을 선물한다. 부모를 다시 돌아오도록 하기 위해서이다. 작고 연약하며 도움이 필요한 아기에게는 생존이 걸린 문제기 때문에 부모를 기쁘게 하는 것은 매우 중요하다. 이처럼 우리도 향후에 다음과 같이 말하며 감정에 호소함으로써 관계를 맺을 수 있다.

내 곁에서 내게 필요한 것을 준다면 나는 당신이 원하는 모습이 되기 위해 노력할 것이다.

당신이 맺고 있는 관계 중 위에 나온 문장을 연상시키는 관계가 있는가? 있다면 당신도 그런 식의 관계는 오래 지속될 수 없다는 사실을 이미 알고 있다고 확신한다.

사람들은 항상 우리가 원하는 모습으로 존재하지 않는다. 그렇기 때문에 실망할 수밖에 없다. 그때마다 우리는 상대방을 바꾸려하거나 그렇지 않으면 포기하고 분노한다. 또는 우리에게 필요한 것을 줄 수 있는 다른 누군가를 찾아 떠나기도 한다.

연습하기

관계 속에서 나의 행동 확인하기

(a) 다른 사람 변화시키기

타인을 변화시키려 했던 때를 떠올려보자. 당신과 관계를 맺고 있는/맺었던 친구, 가족, 배우자 모두가 해당된다.

당신이 바랐던 변화는 무엇이었는지 구체적으로 서술해 보자.

변했으면 하고 바랐던 행동은

.... 이었다.

당신이 바랐던 변화를 이끌어내기 위해 당신은 구체적으로 무엇을 했나?

나는 그 행동을 바꾸기 위해

.... 노력했다.

당신의 노력으로 상황이 어떻게 전개되었는지 되돌아보자.

그 결과 .... 이렇게 되었다.

이 사람과 현재 어떤 유형의 관계를 맺고 있는지 설명해 보자.

우리의 관계는 현재

.... 이렇다.

이 사람을 바꾸려는 당신의 시도는 관계에 효과가 있었나? 있었다면, 그것은 무엇인가?

다음과 같은 방식으로 우리 관계는 변화되었다.

당신 스스로가 변화될 준비가 되어 있을 때에서야 비로소 관계에 변화를 줄 수 있다.

항상 타인을 바꾸는 데에만 초점을 맞춘다면 이것은 잘못된 방향으로 시간낭비를 하고 있는 것뿐이다.

(b) 바람직하지 않은 관계 유지하기

불행한 관계를 유지했던 적이 있는가? 있었다면, 설명해 보자.

이 관계는 불만족스러웠다/불만족스럽다.
왜냐하면 ⋯⋯⋯⋯⋯⋯⋯⋯⋯⋯⋯⋯⋯⋯⋯ 이기 때문이다.

이 관계를 바꿔보려고 노력했다.　　　　　　예 | 아니오

나는 이 관계를 유지하기로 했다.
왜냐하면 ⋯⋯⋯⋯⋯⋯⋯⋯⋯⋯⋯⋯⋯⋯⋯ 이기 때문이다.

다른 사람에게 내 감정을 설명해야 한다면
　　　　　　　　　　　　라고 설명하고 싶다.
⋯⋯⋯⋯⋯⋯⋯⋯⋯⋯⋯⋯⋯⋯⋯⋯⋯⋯⋯⋯

나는 아직도 이 관계를 유지하고 있다.　　　　　예 ┃ 아니오

스스로에 대해 느끼는 감정은

　　　　　　　　　　　　　　　　　　이렇다.

나는 내 자신에 대해 높은/낮은 자존감을 갖고 있다고 생각한다.

　관계의 본질을 바꾸기 위해 노력했지만 여전히 관계에 매어있는 자신을 발견한다면, 당신이 관계를 통해 이루고 싶은 것이 무엇인지 다시 한 번 생각해 보자.

　어린 시절 부모님 밑에서 크면서 배운 '즐거운 삶'을 근본으로 하며 살고 있는가? 타인을 기쁘게 해야 할 필요가 있는가? 당신은 어떤 대가를 치르더라도 '보살핌 받아야' 하는 사람인가?

　관계에는 두 가지의 아이러니가 존재한다. 첫째, 함께 있음에도 불구하고 불행한 관계에서는 '보살핌을 받는다.'는 느낌을 거의 받을 수 없다는 점이다. 둘째, 관계를 맺는 외부적 행위를 통해 우리가 가장 바라는 것은 타인으로부터 보살핌을 받고 양육되는 것이지만, 이와 동시에 스스로만이 채워줄 수 있는 것이 존재한다는 사실 또한 인정해야 한다는 점이다. 자신을 즐겁게 하는 데 열중해 있는가? 또는 자신을 즐겁게 하기 위해 과감히 노력하고 있는가? 우리는 더 이상 어린아이가 아니다. 우리는 스스로를 책임질 수 있으며

(육체적으로나 감정적으로), 그럼으로써 자연스럽게 자신감을 가질 수 있는 존재이다.

자신감을 위한 조언
사회적 자존감으로 빛나야 한다

어떤 사람들은 나뭇가지에 앉은 새들이 날아올 만큼 매력적인 반면 또 어떤 사람들은 움츠린 제비꽃처럼 내성적이다. 그 이유는 무엇일까? 당신은 어떤 사람인가? 파티에 가면 항상 주방에만 있는 사람인가? 사회적 자존감을 기르고 사람들과 더 편하게 지낼 수 있는 노하우를 알고 싶나? 다음을 시도해 보자.

자신을 극복하고 전진하자. 인생은 너무 짧기 때문에 땅만 쳐다보며 허송세월을 보낼 수는 없다. 충만한 사회생활을 원한다면 자신을 극복하기 위해 노력하고 기회를 잡아야 한다. 외로움을 느낄 수는 있겠지만 잃을 것은 아무것도 없다.

좀 더 유연한 태도를 취하자. 지금과 같은 방식으로 친구와 연인 관계를 유지한다면 사회적으로 제한된 관계를 유지할 수밖에 없을 것이다. 새로 만난 재미있는 사람들에게 마음을 열고 관계의 네트워크를 더 넓혀보자. 사람들에게 당신과 친해질 수 있는 기회를 주자.

사람들이 당신을 격려하도록 만들어 보자. 당신이 사람들의 좋은 점을 인정하는 순간, 사람들은 자연스레 당신에게 반응하기 시작할 것이다. 우리는 모두 자신의 신념을 응원해 주고 존경해 주는 사람을 향해 따뜻한 마음을 갖기 마련이기 때문이다.

지금 있는 공간에서 부끄러움을 제일 많이 타는 사람과 대화를 나눠보자. 다음의 네 가지 긍정적인 결과를 얻을 수 있을 것이다. (1) 당신만 내성적인 사람이 아니라는 것을 깨닫게 될 것이다. (2) 부끄러움을 많이 느끼는 사람들이 안정을 느낄 수 있도록 도와줌으로써 (3) 사람들이 당신을 외향적이고 자신감 있는 사람으로 생각하게 할 수 있다. (4) 이로 인해 당신 스스로도 자신이 외향적이고 자신감 있는 사람이라고 생각할 수 있게 될 것이다!

다른 사람의 말을 잘 들어주는 능력을 기르자. 듣기는 의사소통의 가장 기본이자 가장 힘들일 필요가 없는 기술이다. 들어주기만 하면 되기 때문이다! 답이 없는 질문(두세 단어로 대답해야 하는 질문)을 한 다음 상대방의 대답에 귀 기울여 집중해 보자. 대답을 듣기도 전에 대화가 이루어지고 있다는 것을 느낄 수 있을 것이다.

긍정적인 제스처를 사용해 다른 사람들에 대한 관심을 보여주자. 웃음으로 상대방과 눈을 마주치고 편안한 자세를 취해 보

자. 상대방도 그 즉시 편안함을 느낄 것이다.

분위기를 가볍고 긍정적으로 만들어 무거운 공기를 털어 내보자. 사람들은 웃는 것을 좋아한다. 그러므로 즐거움을 어색해하지 말고 사람들을 웃도록 만들어보자!

자신의 삶을 사랑하자. 매력적인 사랑의 자석이 될 수 있을 것이다. 지금 시도해 보자!

자신을 기쁘게 하는 10가지 방법

1. 하고 싶지 않은 일은 그만하자.
2. 다른 사람이 듣고 싶을 것 같은 말을 하는 것이 아니라 당신이 원하는 바를 말하자.
3. 다른 사람뿐만 아니라 당신 자신도 존중하자.
4. 적극적으로 행동하자.
5. 명확하게 의사를 표현하자.
6. 활기를 띠고 꾸미지 않은 긍정적인 자세로 다가가자.
7. '무엇을 할까' 보다는 '어떤 사람이 될까'를 생각하자.
8. 직감을 믿고 그에 따라 행동하자.
9. 당신도 행복해질 가치가 있다는 사람이라는 사실을 기억하자.
10. 스스로와 친구가 되자. 평생을 위한 관계이다!

사랑의 자석(매력적인 존재)이 되는 방법

자신을 사랑하고 인정할 수 있을 때 우리는 사랑과 감사로 충만한 관계를 맺을 수 있다. 관계가 풍성하게 잘 유지되고 있는 경우 위의 말처럼 관계를 맺는 것은 쉽다.

하지만 관계에서 이용당하고 있다는 느낌을 받는 경우 위의 말을 믿기란 쉽지 않을 것이다.

관계전문가인 마니 카민스(Marni Kamins)와 재니스 마클레오드(Janice Macleod)는 다음을 상기시키고 있다.

"관계를 맺는 동안, 때때로 관계의 목표가 최선을 다해 배우자를 사랑하고 그를 행복하게 해주는 것에 있다고 생각할 수 있다. 그럼으로써 당신도 행복해질 수 있는 것이다. 하지만 좋은 때든 안 좋은 때든 진정한 목표는 자신을 사랑하는 것이 되어야 한다."

그렇다. 좋은 때든 안 좋은 때든 말이다. 이것은 결코 만만찮은 일이 아니다! 먼저 비밀을 한 가지 말하겠다.

인생 상담 코치들도 위의 내용을 실행하기 힘들 때가 있다! 사실이다. 또한 엄청나게 진취적인 자신감을 가진 사람들도, 카리스마를 가진 매혹적인 사랑의 자석들도, 적극적이고 선구적인 태도를 지닌 승리자들도 모두 힘든 시간을 보낼 때가 있다!

그 누구도 항상 자신감에 찬 채로 살 수는 없다. 그러므로 잠시 열망하던 것을 내려놔보자. 오히려 가는 길이 조금 더 수월해질 수 있다.

나는 많은 인생 상담 코칭들이 '최고를 기대하세요, 그러면 바라던 것을 얻을 수 있어요.' 와 같이 말하며 사람들을 상담한다는 사실을 알고 있다.

물론 자신의 한계를 넘어서는 것은 중요하다. 그러나 사실, 한계를 극복하는 과정은 스스로에게서 찾는 것보다 절대 충족할 수 없도록 설계된 무시무시한 테스트를 통해 찾는 것이 훨씬 쉽다.

자신을 인정하고 자랑스럽게 여긴다는 의미는 긍정적이고 자신감 있으며, 사교적이고 똑똑하며, 지적인 모습의 자아만 사랑한다는 것이 아니다. 나쁜 점들까지 포함하여 당신의 모든 것을 사랑한다는 것이다!

진정한 자애는 자신에 대한 불신, 의심, 싫증 그리고 괴팍하고 판단내리는 성격마저도 받아들이는 것이다.

내면의 우울함을 받아들일 수 있다면 자기비판을 줄임으로써 자존감과 행복을 증진시킬 수 있다. 또한 이로 인해 타인과 편안하고 개선된 관계를 맺을 수 있다.

자신감 있고 사교적인 여성 한 분을 떠올리고 그분의 재능은 무엇인지 생각해 보자.

자기 수용 → 증가된 자존감 → 개선된 관계

당신이 아는 사람 중 외모가 가장 예쁘지는 않을 수 있지만 분명 타인을 자석처럼 끌어당기는 내적 매력을 갖고 있을 것이다. 특정한 매력을 발산하기 때문에 성별을 불구하고 모두의 관심을 끌 수 있는 것이다. 다음의 도표를 보자.

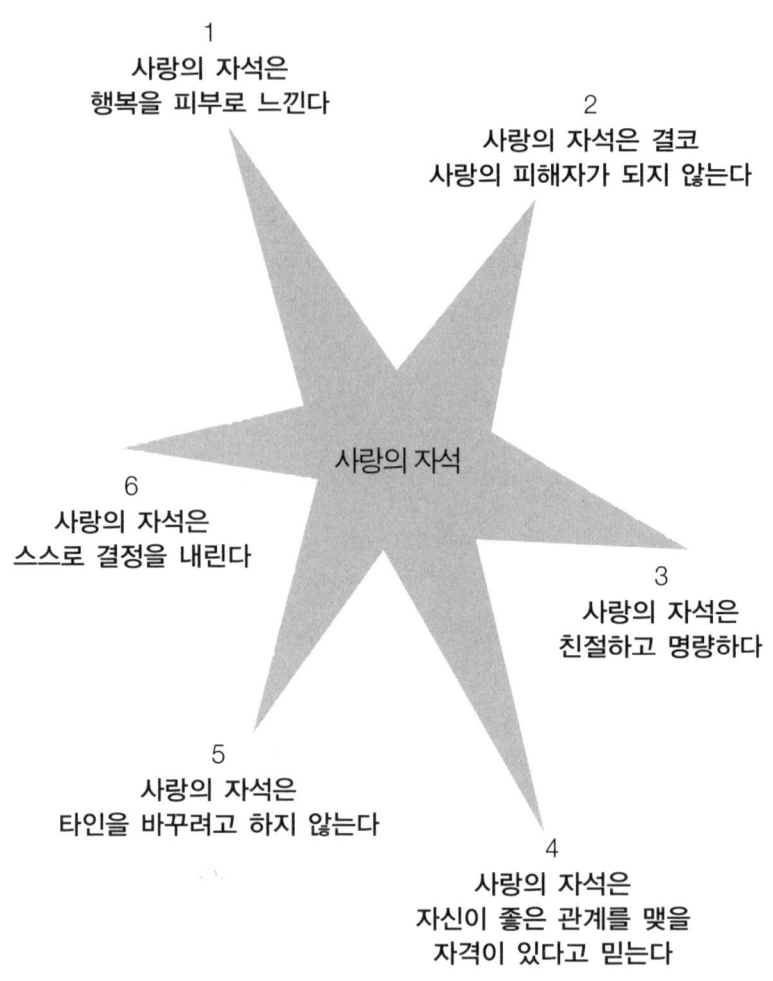

1
사랑의 자석은
행복을 피부로 느낀다

2
사랑의 자석은 결코
사랑의 피해자가 되지 않는다

사랑의 자석

6
사랑의 자석은
스스로 결정을 내린다

3
사랑의 자석은
친절하고 명랑하다

5
사랑의 자석은
타인을 바꾸려고 하지 않는다

4
사랑의 자석은
자신이 좋은 관계를 맺을
자격이 있다고 믿는다

〈 그림 13. 사랑의 자석이 되기 위한 자질 〉

간단한 퀴즈

당신은 지금 사랑을 끌어당기고 있는가?

그림 13의 여섯 가지 특성에 대해 각각 생각해 보자.
당신은 다음 문장에 해당되는 사람인가, 아닌가?

해당된다고 응답하는 경우 – 2점
해당되지 않는다고 응답하는 경우 – 0점

10점~12점

사랑의 자석이 될 수 있는 자질이 충분해 보인다. 현재 특별히 의미 있는 관계를 맺고 있지 않더라도 긍정적인 사람들을 당신의 삶으로 끌어들일 수 있다는 자신에 대한 내적 확신과 믿음이 있다. 이런 좋은 변화를 계속해서 발산하며 앞으로 어떤 사람과 함께 당신의 기대를 채워갈지 기다려보자!

6점~8점

사랑의 자석이 되기 위해 필요한 자질을 갖고 있다. 여섯 가지 특성 중 세 가지 특성만 당신에게 해당된다고 선택했지만, 이것은 당신이 어느 정도 '매력'을 지니고 있음을 보여준다. 이제 당신이 해야 할 것은 선택되지 않은 특성을 강화시키기 위해 노력하는 것이다. 최고점을 얻으려면 당신 내면의 무엇을 믿어야 할까? 지금부터 시작해 보자!

2점~4점

당신에게 해당되는 특성(또는 특성들)을 다시 보자. 그리고 상상해보자. 당신은 현재 이런 특성을 보여주고 있으며 이로 인해 실제로 낙천적인 형태로 자신감에 차오르고 있다고 말이다. 이제 당신이 해야 할 것은 지금 당신의 모습에 확신을 더하는 것이다. 긍정에너지를 삶의 모든 영역에 적용하자, 그러면 당신에게 모여드는 사람들로 인해 놀라움을 금치 못할 것이다.

0점

충분히 스스로를 비판했다고 인정하는 순간 '매력적인' 특성이 나타나기 시작할 것이다. 책에 나온 기술을 연습함으로써 당신은 행복할 자격이 있는 사람이며 흥미진진한 여행을 시작할 준비가 된 사람이라는 사실을 기억하자. '나는 사랑의 자석이다.'를 반복하자. 눈치 챘는가? 이미 웃고 있는 당신을.

균형 잡기

배우자는 이렇게 하기를 원하는데 당신은 저렇게 하기를 원한다면 어떻게 될까, 친구는 당신이 아기를 돌봐줬으면 하지만 당신에게는 이미 선약이 있다면 어떻게 될까, 자녀는 당신이 택시 운전기사가 되기를 바라지만 당신은 저녁이 있는 삶을 원한다면 어떻게 될까, 직장 동료는 중요한 일을 끝내는데 당신이 도와줬으면 하지만 당신은 데이트가 있다면 어떻게 될까.

우리는 항상 이런 딜레마를 마주해야 한다. 그렇다면 우리는 어떻게 사랑받는 배우자, 부모, 자녀이자 좋은 친구, 동료가 되는 동시에 우리 자신이 필요로 하는 것도 살필 수 있을까?

심리학은 관계를 건강한 관계와 그렇지 않은 관계로 나눈다. 각 관계가 어디에 속하는지 분별하는 일은 매우 쉽다. 당신은 건강한 관계를 통해 기본적인 욕구를 충족시킬 수 있으며, 상대방에 따라 뚜렷하게 경계선을 설정해 놓았기 때문에 욕구의 충족 여부를 쉽게 식별할 수 있다.

상담 전문가 로버트 버니(Robert Burney)는 개인적인 경계선을 설정하는 것이 무엇을 의미하는지 다음과 같이 설명하고 있다.

"경계선을 긋는 목적은 자신을 보호하고 돌보기 위해서이다."

받아들이기 힘든 방식으로 상대가 우리를 대할 때, 우리는 그 상대방에게 어떤 점이 힘든지 말할 수 있어야 한다. 그 첫 번째 단계는 우리가 자신을 보호하고 방어할 권리가 있음을 아는 것이다. 우리는 타인이 우리를 대하는 방식을 결정할 수 있는 권리도 있지만 자신을 책임져야 할 의무도 있기 때문이다.

누군가 당신의 물리적 경계선을 넘어왔을 때를 떠올리고 당시 당신의 반응이 어땠는지 생각해 보자. 지금이라면 어떨지 좀 더 감정적으로 세밀하게 구체화시켜 보자. 마지막으로 경계선이 침범당했을 때는 언제이며 기분은 어땠는가. 감정의 경계선을 넘어오면 어떤 기분일지 빨리 알아차릴 수 있을 것이다. 또한 너무 친밀한 관계나 너무 서먹한 관계는 불편하다는 것을 느낄 수 있을 것이다. 이와 같은 상황이 발생하면 그 즉시 당신의 경계선을 확인해야 한다. '이 사람과 어느 정도로 친해지고 싶은 걸까?' 라고 스스로에게 질문함으로써 확인할 수 있어야 한다.

당신은 자연스럽게 관계마다 서로 다른 경계선을 설정할 것이다. 예를 들어 배우자에게는 할 수 없는 얘기를 가장 친한 친구와는 공유할 수 있는 것처럼 말이다. 즉 타인을 신뢰하는 정도에 따라 당신이 얼마만큼 마음을 터놓을 수 있는지 그 한계를 정할 것이다. 물론 경계선은 언제든지 바뀔 수 있다(상대와 더 친밀해질수록). 상대에게 많은 시간과 노력을 기울이지 않더라도(물리적으로나 감정적으로) 여전히 편안함을 느낄 수 있는지 확인함으로써 당신이 맺고 있는 관계의 상태를 언제든 분별할 수 있다.

관계를 유지하는 데 불편한 점이 있을 때마다, 경계선을 확장함으로써 상대를 받아들이는 것이 아니라 당신의 허용치는 어디까지인지 그리고 그 이유는 무엇인지 다시 평가해 봐야 한다.

경계선을 설정하는 데 문제가 발생할 때마다, 당신의 자존감은 낮아질 수밖에 없을 것이다. 건강하지 못한 관계와 제대로 설정되지 못한 경계선, 그리고 낮은 자존감은 서로 연관되어 있기 때문이다.

다음을 명심하자 : *자신감이 떨어지면 건강하지 못한 경계선을 설정하게 되고, 이로 인해 우리는 항상 좋지 않은 관계를 맺게 된다.*

통찰력
건강한 경계선 유지하기

당신은 관계 속에서 통제받으며 살고 있기 때문에 일이 꼬인다 싶을 때에는 경계선이 건강하게 설정되어 있는지 확인해 봐야 한다는 사실을 기억해야 한다.

우리는 다른 사람들에게 어떻게 우리를 대해야 하는지 알려줌으로써 관계를 개선시킬 수 있다. 가족을 꾸리거나 우정을 유지하거나 연애를 하고 싶다면, 각 관계가 당신에게 어느 선까지 허용되는지 정확히 알기 위해 새롭게 경계선을 설정하는 작업을 수행해야 한다.

당신이 보여주는 관계에 대한 기대치와 행동은 어떤 관계도 역동적으로 변화시킬 수 있다. 즉 당신은 관계를 유지하기 위해 상대방을 변하도록 만들 수도 있고 관계가 더 이상 지속되지 않도록 만들 수도 있다. 때때로 사람과 상황을 감당하기 힘들 때가 있다. 그럴 땐 모든 것을 내려놓고 앞만 보고 전진하는 것이 우리가 할 수 있는 최선이 될 수도 있다.

기존 관계에 새로운 경계선을 설정하는 방법

현재 마주하고 있는 관계의 어려움에 대해 생각해 보고 다음 활동을 시도해 보자.

• 겪고 있는 상황을 구체적으로 말해 보자.

예 : 남편이 성인이 된 자식들과 잘 어울리지 못해서 저까지도 아이들과 멀어지고 있는 것 같은 기분이 들어요.

• 이 상황에서 당신이 할 수 있는 일은 무엇이 있을까?

예 : 자식들에게 모든 상황을 설명하고 제 마음이 얼마나 불편한지 털어놓는 거예요.

• 효과가 있었나?

예 : 아이들은 조금 당황스러워했지만 남편은 이해해 줬어요.

• 상황을 개선하기 위해 취한 조치로는 무엇이 있을까?

예 : 남편과 저는 가족모임에 아이들 내외를 초대하기로 결심했어요.

• 어땠는가?

예 : 훌륭했어요. 모두가 함께 노력한 끝에 훨씬 편안해졌어요.

【 사례 연구 】

어느 날 헬스케어 분야에서 프로젝트 팀장으로 근무하고 있던 34세의 사리타(Sarita)라는 젊은 여성이 절망에 찬 목소리로 나에게 전화를 했다.

사리타에게는 4년 동안 만났던 톰(Tom)이라는 남자친구가 있었는데, 한두 달 전에 헤어졌다고 했다. 당시 사리타는 스스로를 자존감이라고는 눈 씻고 찾아봐도 없는 사람이라고 표현하며 어떻게 극복해야 할지 모르겠다고 말했다.

관계를 정리한다는 의미는 사별의 일종으로 회복하는 데 어느 정도 시간이 걸릴 수 있다고 생각한다. 하지만 사리타와 내가 대화를 나누었을 당시, 그녀는 충분한 회복 시간을 갖지 못했었고 대화 도중 톰과 자신에게 매우 화가 난다고 말했다.

사리타는 남자친구와 그동안 좋지 않았다고 말했다.

"저는 항상 나쁜 사람들만 만났었지만 그래도 함께 살았던 남자는 톰뿐이었어요. 그리고 톰이 마지막 남자이길 바랐어요. 항상 변덕을 부리긴 했지만 저는 톰이 제 곁에 영원히 있어줄지 아니면 떠날지 전전긍긍했어요. 작년, 남자친구는 동료들과 스키를 타러 갔었는데 거기에서 바람이 난 걸 알게 됐어요. 순순히 털어놓는 남자친구를 보며 잊기로 결심했어요. 사실 함께 지내는 동안에도 몇 번 한눈을 판 적이 있었기 때문에 심각하게 생각하지 않았던 거죠. 그러던 중 직장에서 바람이 났고, 저한테 그러더군요. 제가 너무 애정에 굶주려 있어서 자기를 구속하는 것 같이 느꼈고 이제 더 이상은 제가 원하는 남자가 되어줄 수 없다고요. 처음에는 그가 했던 말이 너무 상처가 돼서 도저히 침대 밖으로 나올 수가 없었어요. 하지만 고맙게도 직장이 저를 살렸죠.”

나는 사리타에게 톰의 '바람기'에 대해 좀 더 얘기해 달라고 했다. 사리타는 톰이 가끔씩 '한눈을 팔긴 했지만' 항상 그녀에게 돌아올 거라고 믿었다고 했다. 또 톰이 바람피웠던 상대 여성을 봤을 때 기분이 어땠냐는 내 질문에 사리타는 비참했지만 '항상 다시 돌아오기를 바랐다.'고 대답했다.

나는 톰을 그렇게 만들었던 사람이 그녀였다고 말해 주었다. 하지만 사리타는 그 사실을 받아들이는 것이 힘들어 보였다. 다행히 그 이후 한두 주 동안 사리타는 내면에 있던 더 깊은 감정을 받아들일 수 있게 되었고 자신의 경계선이 바람직하지 못했었다는 사실을 인식하기 시작했다.

사리타는 나와 함께 자신감을 키우기 위해 노력했고, 얼마 지나지 않아 다시 사회에 적응할 수 있게 되었다. 몇 달 후 사리타는 나에게 전화해서 기분이 한결 나아졌으며 자신을 행복하게 해주는 좋은 남자친구를 만나게 되었다고 말했다. 또 '제가 톰을 떠나게 만들었다는 사실이 믿기지 않아요. 제 스스로를 너무 보잘것없이 생각했던 것 같아요.' 라고 덧붙였다.

건강한 경계선을 세우는 작업은 자존감을 높일 수 있는 매우 직접적이고 실용적인 방법이다.

9일차 | 검토하기

9일차 핵심 생각

- 가장 중요한 관계는 자기 자신과 맺는 관계이다.
- 아무리 참을성 있게 기다려도 다른 사람을 바꿀 수 없다.
- 당신도 행복할 자격이 있다는 사실을 기억하자.
- 타인의 장점을 인정하기 시작하는 순간 자연스럽게 사람들이 당신에게 반응하기 시작할 것이다.
- 당신은 훌륭한 관계를 맺을 자격이 있는 사람이며 사람들을 매료시키고 있다고 믿자.
- 스스로에게 충실할 때 좋은 관계를 선택할 수 있는 눈을 기를 수 있다.
- 당신의 삶과 사랑에 빠져보자. 엄청난 매력을 발산하는 사랑의 자석이 될 것이다.
- 다른 사람이 우리를 어떻게 대하느냐는 우리에게 달려있다.
- 건강한 경계선을 세우면 자존감은 저절로 높아지게 된다.
- 사람과 상황을 감당하기 힘들 때에는 모든 것을 내려놓고 앞만 보고 전진하는 것이 최선일 수도 있다.

9일차에 지켜야 할 3가지 행동 수칙

1. 당신이 인지한 상황을 적어보자.

예 : 나는 누군가와 관계를 맺을 때 나의 감정을 철저히 숨긴다. 그리고 상대방이 화가 나 있으면 항상 내가 잘못했기 때문이라고 생각한다.

2. 이후 어떤 패턴(생각/감정/행동)을 보이는지 떠올려보자.
예 : 지나치게 걱정한 나머지 종종 내 감정을 무시한다.

3. 변화가 나타날 수 있도록 현실적인 방향으로 실천 계획을 세워보자.
예 : 언제 다른 사람을 즐겁게 해줘야 한다는 압박감을 갖게 되는지 인식하고 이런 반응을 변화시키기 위해 노력하겠다.

이 3가지 행동 수칙을 시작해 보자.

나만의 개인적인 견해 :

....

....

....

....

견해 이면에 있는 패턴 :

나의 행동 방침 :

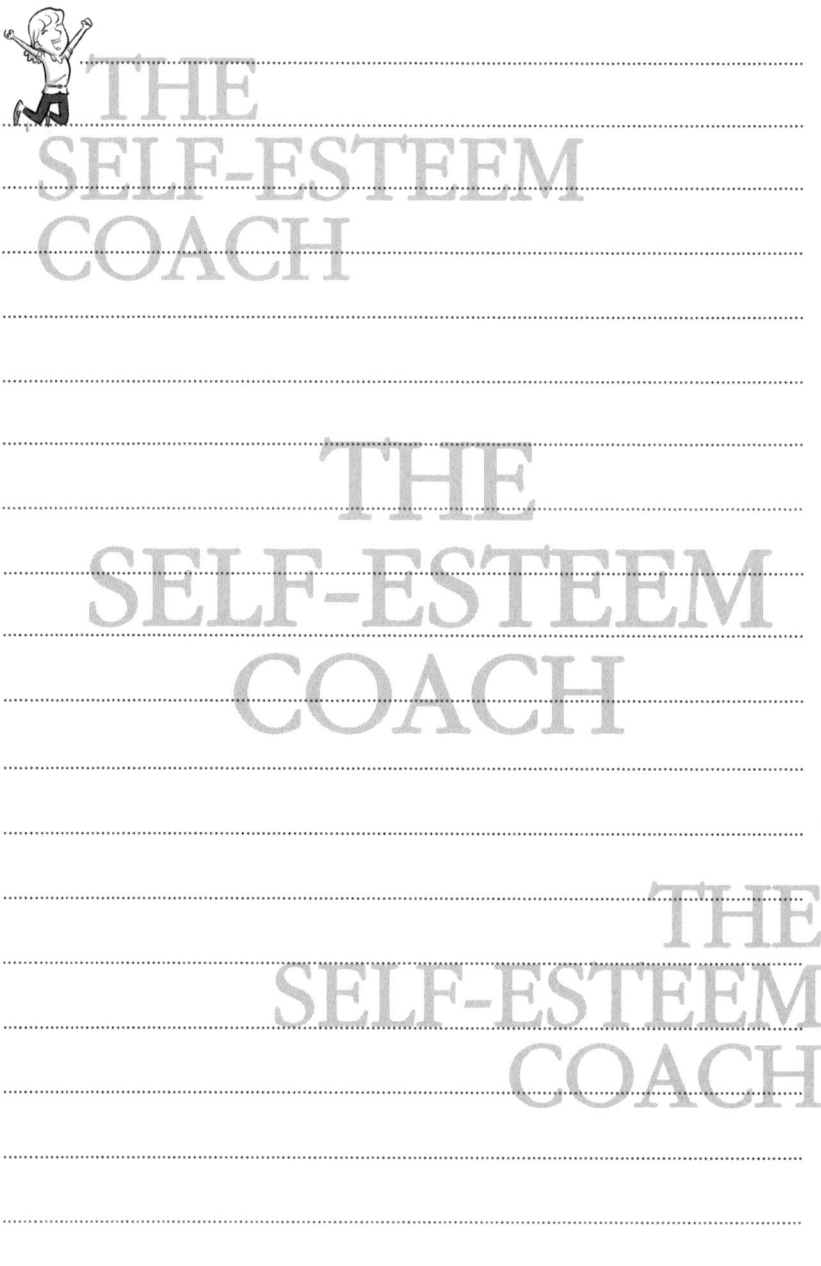

10일

높은 자존감 유지하기

항상 당신 자신에게 일류가 되어라, 다른 사람에게 이류가 되지 말고.

– 주디 갈랜드(Judy Garland, 배우 겸 가수)

10일 | 높은 자존감 유지하기

"자, 이제 네가 믿을 만한 것을 말해 줄게. 나는 백한 살 하고도 다
섯 달 그리고 하루를 더 살았단다."
"믿을 수 없어요!" 앨리스가 말했다.
"못 믿겠니?" 측은하다는 듯이 여왕이 물었다.
"다른 걸 말해 볼게. 숨을 한번 길게 쉬고 눈을 감아보렴." 앨리스
가 웃었다.
"아무 소용없어요." 앨리스가 대답했다.
"사람은 불가능한 것은 믿을 수 없어요."
"연습을 많이 해보지 않은 듯해 보이는구나." 여왕이 말했다.
"내가 네 나이였을 때, 하루에 30분씩 연습했단다. 때때로 나는
아침 식사 전에 여섯 가지나 되는 불가능한 일을 믿곤 했단다."

– 루이스 캐롤(Lewis Carroll, 거울 나라의 앨리스)

자존감은 자기 신념에 기초를 두고 있으며, 이 책 전반에 걸쳐 우
리는 자신에 대한 신념을 강화시킬 수 있는 테크닉을 발달시켜 왔
다. 때로는 마치 '불가능한' 것을 믿도록 강요받고 있다고 느꼈을
지도 모른다.

우울감에 가득 차 있을 때에는 우리가 특별하며 가치 있는 사랑스

러운 존재라는 사실을 잊게 된다. 하지만 사실이다.

당신은 항상 특별하며 가치 있고 사랑스러운 존재이다. 상황이 우리를 힘들게 할수록 자신을 믿어야 한다. 믿음은 강력한 마법과도 같기 때문이다.

당신은 이 프로그램을 진행하면서 매일 매일 다양한 방법을 사용하여 자신감과 자기 확신을 기르기 위해 노력해 왔다. 하지만 사실 모든 테크닉의 근본 원리는 아주 간단하다. 자신을 사랑하는 법을 익히자. 자신을 사랑하는 것이 '불가능' 하다고 느낄 때가 있다면 연습하자.

당신이 존재하고 있다는 사실만으로도 당신은 훌륭하고, 놀랍고, 가치 있고, 중요한 사람이라는 것을 믿는 연습을 해야 한다.

자기 신념을 단단하게 할 수 있는 당신만의 문구를 작성해 보자. 현재 시제로 작성하고 긍정적인 마음으로 간직하며 계속 읽어보자. 항상 해야 한다. 문구를 만들 때 내가 만든 '나는 내 자신을 사랑한다.' 라는 문장을 인용한다면 그 즉시 자존감이 떨어지는 것을 느낄 수도 있다.

그러므로 당신이 원하고 바라는 것을 생각하며 당신만의 문구를 만들어보자.

예 :
나는 나를 사랑하며 나를 가치 있다고 생각한다
나는 멋지고 창의적인 사람이다
나는 인생의 가장 좋은 것을 누릴 자격이 있다

나만의 긍정적인 문구

책에 기록한 모든 테크닉과 아이디어를 성공적으로 적용시켜 보았기 때문에 이제는 긍정적인 문구를 통해 어떤 변화를 만들어낼 수 있는지 확인해 보도록 하겠다. 지금 시도하는 방법에 대해 부정적인 반응도 있다. '나는 나를 사랑한다.' 라는 말이 꼭 개인적인 발전에 극적인 영향을 미친다고 할 수는 없기 때문이다. 하지만 문구에 집중해 삶에 적용하려고 애쓰는 과정을 통해 당신이 오랫동안 지니고 있었던 부정적인 패턴을 없애고 새로운 에너지를 받아들여, 구시대적이고 아무짝에도 쓸모없는 부정적인 확신을 대체할 수 있다. 그제야 인지행동요법(CBT) 도미노 효과가 그 진가를 드러낼 것이다.

새로운 긍정적 믿음 → 새롭고 낙관적인 감정
→ 생동감 넘치는 그리고 자신감 있는 행동

생각하는 방법과 생각하는 대상 그리고 타인 및 자신과의 의사소통 언어에 변화를 줌으로써 부정적으로 행동하는 습관을 바꿀 수 있다. 우리가 비판적으로 남을 판단하며 불평하는 식의 화법(사고)을 사용해 왔다는 사실은 충격적이지 않을 수 없다. 그러니 우리 자신에 대해서도 부정적으로 생각하는 것이 당연하다! 하지만 우리가 어떤 행동을 보여 왔는지 깨닫고 스스로를 사랑하는 데 집중한다면 삶을 좀 더 자유롭게 할 수 있는 강력한 힘을 기를 수 있을 것이다.

내 사무실 벽에는 긍정적인 문구가 많다. 그리고 너무 익숙해졌다 싶을 때마다 주기적으로 문구를 바꿔준다. 작은 색종이에도 유용한 문구를 써놓고 생각날 때마다 꺼내보고 있다.

상담 고객들은 내 주변의 문구들을 보고 놀라기도 한다. 사실 이 작업은 우리 모두에게 필요한 작업이다. 무능력함과 결핍을 느낄 때마다 우리는 쉽게 길을 잃고 헤맬 수 있기 때문이다. 또한 이 작업을 통해 우리는 자존감을 유지하는 것이 얼마나 중요한 일인지 알아보는 오늘의 주제에 더욱 활기차게 접근할 수 있을 것이다.

유지 작업

이 책을 읽고 여러 테크닉을 학습했더라도 배운 것을 유지하는 연습을 게을리 해서는 안 된다. 자존감은 자신과의 관계를 반영하여 항상 변화하고 발전하기 때문에 당신은 매 순간 자존감과 씨름할 것이기 때문이다.

자존감을 높이고 이를 유지하는 데 도움을 줄 수 있는 방법은 모두 자기 양성이라는 개념을 기반으로 하고 있다. 스스로에게 자양분을 공급하는 순간 자존감이라는 씨가 뿌려진다는 의미이다. 어떤 방식이 되었든 간에 스스로에 대해 우울함, 무가치함, 불쾌함, 거부당함, 비판받음 그리고 비참함을 느낀다면 이것을 회복할 수 있는 첫 단계는 내가 나를 돌보겠다는 결심에서부터 시작되어야 한다. 이런 방식으로 우리는 자기 불만을 자기 존중과 자애로 바꿀 수 있다.

　아래에는 역경이 닥쳐올 때 도움을 줄 수 있는 일종의 응급 처치 키트인 열 가지 자기 양성 활동이 적혀 있다. 아시다시피 아래의 활동들은 모두 이미 책에 나왔던 것들이다. 하지만 당신에게 더 공감이 많이 되는 활동이 있을 것이다. 어떤 활동이 마음에 들며 그 이유는 무엇인가? 다른 활동들도 다시 한 번 살펴보자. 지금은 다르게 보일 수 있을지 모른다. 때때로 우리는 그동안 해왔던 방식이 효과가 있었다고 생각하며 그 방법을 고수할 때가 있다. 다소 까다로워 보이는 방법은 기피하면서 말이다. 새로운 것을 도전함으로써 스스로를 창의적으로 발전시켜 보자.

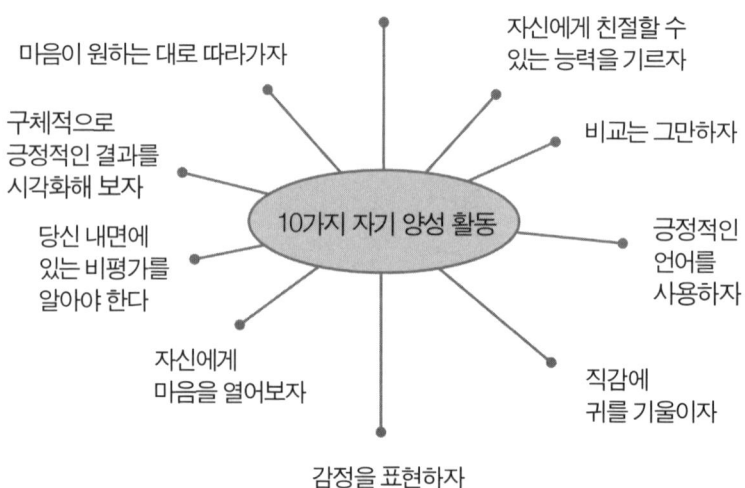

〈 그림 14. 자기 양성 활동 〉

마음이 원하는 대로 따라가자. 난관에 부딪힐 때마다 우리는 회피할지 아닐지를 바로 결정할 수 있다. 부정적인 생각에 사로잡혀 우울해져 있을 것인가? 아니면 헤쳐 나갈 것인가? 선택은 간단하다. 당신을 고무시키고 '이 방향이 맞다.'는 기분이 들게 하며, 에너지를 끌어 올려줄 수 있는 길을 찾자.

단호함을 보여주는 테크닉을 사용하자. 전심을 다해 스스로를 지지하고 당신이 원하는 것을 위해 분명하게 의사를 표현하자. 다른 사람들이 당신을 마치 호구로 취급한다는 생각이 든다면 호구가 되지 않으면 된다. 그러므로 열린 마음으로 모두가 행복할 수 있다고 생각한다면 행동으로 분명하게 보여주자. 그것이야말로 자신과 타인 모두에게 친절할 수 있는 의사표현이다.

자신에게 친절할 수 있는 능력을 기르자. 1일에서 우리는 자신에 대한 불친절함이 결국 자존감을 낮게 만드는 촉매 역할을 한다는 것을 배웠다. 이에 자신감과 행복을 증진시킬 수 있는 직접적인 방법을 적어보았다.
당신이 스스로에게 얼마나 불친절한 사람인지는 잘 알 것이다. 그러므로 그런 불친절한 행동은 당장 멈추고 연인을 대하듯 스스로를 사랑하자.

비교는 그만하자. 성취하고 노력하고 경쟁해야 하는 운명을 타고났음을 고려해 볼 때, 우리가 타인과 자신을 습관적으로 비교한다는 사실은 놀라운 일이 아니다. 당신은 이로 인해 낮아진 자존감이 어떻게 관계 속 자신의 성과를 판단, 평가하도록 내모는지 곧 경험하게 될 것이다. 또한 이런 상황은 타인을 과대평가하든지(나보다 훨씬 능력 있다고) 자신을 과대평가하든지(내가 훨씬 예쁘다고) 간에 당신이 위험한 상황에 놓여 있다는 것을 의미한다. 비교하는 성향을 갖고 있음을 염두하고 그런 성향이 당신을 힘들게 만들 것이라는 사실을 기억하자.

긍정적인 언어를 사용하자. 우리는 부정적인 성격의 생각과 말에 빠지게 될 때마다 상황을 확대 해석함으로써 우울해 하고, 불만족 해하며 '나는 할 수 없어.' 라는 마음을 갖는 경향이 있다. 그러나 긍정적이고 낙관적인 말은 놀라울 정도로 정신을 고양시키는 장점을 지니고 있다. 우울할 때마다 긍정적인 문구를 찾아봄으로써 머릿속에서 맴돌고 있는 생각에 어떤 변화가 있는지 확인해 보자. 긍정적인 정신자세(PMA)가 당신의 현실을 변화시킬 수 있다는 사실을 기억하자.

직감에 귀를 기울이자. 의문이 생길 때마다 스스로에게 질문하자. 당신의 자아는 지혜롭기 때문에 당신이 할 수 있는 최선의 방향을 모두 알고 있다. 자신의 소리에 귀를 기울이고 그에 따라 행동하자. 당신의 직감을 믿자. 그 믿음이 강할수록 당신 또한 더 강해질 것이다.

감정을 표현하자. 감정이란 직접적인 욕구의 표현이기 때문에 우리가 스스로의 감정에 집중하는 것은 매우 중요하다. 때때로 우리는 감정을 숨기고 표현하지 않을 때가 있다. 이런 행동은 결국 우리를 우울하고 혼란스럽게 만들 것이라는 사실을 아는데도 말이다. 그동안 말해야 할 것을 말해 왔는지 그리고 자신의 욕구를 존중해 왔는지 확인해 보자. 이런 과정은 당신의 자존감을 높이는 데 이바지할 것이다.

자신에게 마음을 열어보자. 이 활동은 영성을 되돌아 볼 수 있는 다소 미학적인 방법이다. 우리는 너무 많은 것들을 시도해 본 나머지 이 사실을 잊기 쉽다. 하지만 외양과 생각, 감정에 사로잡히는 기분이 든다면, 우리는 필사적으로 인간이 되려고 노력하는 영적인 존재이기 때문에 그럴 수 있다는 사실을 기억함으로써 부정적인 분위기를 짓밟아 버려야 한다. 하지만 분명 항상 쉽지만은 않을 것이다.

외적, 정신적, 정서적 선입견을 내려놓는 시간을 갖고 영적 에너지를 받아들어야 한다. 어떻게 받아들이는지 방법을 모르겠다고? 잠시 멈춰서 의식적으로 한두 차례 심호흡한 뒤 마음을 열고 있는 자신을 떠올려보자. 심장 주변을 따뜻하고 부드러운 분홍빛이 에워싸고 있으며 그 빛이 점차 전신을 감싸고 있다고 그려보자. 당신의 몸에서 피어오르는 사랑스러움의 향기를 맡아보자. 자, 기분이 어떤가?

당신 내면에 있는 비평가를 알아야 한다. 당신은 평생 동안 이 비평가의 목소리를 들어왔지만 사실 대개는 실망스러운 결과에만 귀를 기울여 왔다! 자기 양성이라는 개념은 당신에게 불확실함과 자기 회의를 끊임없이 일으키기 위해 존재하는 내면의 비평가와는 거리가 멀다. 양육이란 내면의 부정적인 목소리를 인지하고 무시하도록 함으로써 자신을 돌보는 것을 의미한다. 이처럼 아무짝에도 쓸모없는 내면의 비평가를 없애기 위해 의식적으로 노력할 때야말로 비로소 자신감과 자존감으로 가득 차게 될 것이다.

구체적으로 긍정적인 결과를 시각화해 보자. 생각을 바꾸면 그 생각과 관련된 감정과 행동도 변화시킬 수 있다. 또한 '생각'은 영상의 형태(꿈, 상상, 환상)로도 우리의 정신을 나타낼 수 있다는 사실을 잊지 말자. 그러므로 당신은 이런 영상을 마음의 눈으로 '봄'으로써 긍정적인 결과를 새롭게 창조해낼 수 있으며 비로소 이에 맞는 생각 또한 창조해낼 수 있을 것이다. 또한 당신의 생각과 그리는 결과가 일치하지 않는 경우에는(예: 말로는 '저는 승자입니다.'라고 외치지만 사실 실패에만 매여 있어 좋은 결과를 얻지 못하는 경우), 인지행동요법(CBT) 프로세스가 이에 도움이 될 수 있는 방식으로 설정될 것이다.

내부 실천 계획 및 외부 실천 계획의 중요성

염소자리답게 나는 계획을 세우는 것을 정말 좋아한다. 하지만 이런 성향이 항상 도움이 되는 것은 아니다.

정신상태가 목표를 현실로 이루어내는 데 도움을 준다는 사실을 알기 전까지 나는 종종 직장문제, 인간관계. 건강문제, 친구문제 등, 내가 감당할 수 없는 문제들을 처리하기 위해 현실성 없는 계획을 세우곤 했다. 물론 내 계획은 실패로 끝날 때가 더 많았다. 그 이유는 계획만 세우고 실제 행동으로 옮기지 않았기 때문이다. 이와 같이 일명 외부 계획뿐만 아니라 내부 계획도 당연히 계획의 일부가 되어야 하며, 목표한 바를 달성하기 위해서는 두 계획이 조화롭게 세워져야 한다.

외부의 변화는 내부의 변화를 반영하므로(우리의 내부에서 발산하는 매력으로 관계를 맺는 것이기 때문에) 목표 달성 계획은 정신적, 정서적, 영적, 육체적 차원의 에너지 모두를 다루고 있어야 한다. 사고가 형태를 창조한다는 말은 창조의 네 가지 원칙 중 하나이며, 아래의 표현(242쪽에서 살펴보았던)은 이 과정이 어떻게 이루어지는지 알려주고 있다.

정신적 에너지 × 정서적 에너지 → 육체적 에너지

이미지를 부분적으로 변화시키든 전체적으로 변화시키든 둘 중 어떤 목표를 달성하려든 간에 그 성공여부는 신념과 비전, 헌신, 행동을 어떻게 조화롭게 하나로 창조해 내느냐에 달려있다.

변화된 모습을 상상할 수 없다면 우리는 아무것도 바꿀 수 없다. 비전(변화를 나타내는 방법)은 믿음과 함께 수반되어야 하며 그제야 육체적 에너지가 새로운 목표를 설정하는데 자연스레 스며들 것이다.

사람들은 당신의 놀라운 재능과 성과를 너무도 쉽게 잊어버린다! 그렇기에 우리 모두는 언제든지 자기 의심에 빠질 수 있다. 이에 대한 최선의 방어는 당신은 특별하며 가치 있고 사랑스러운 존재라는 것을 계속해서 되뇌는 것이다.

자신감을 위한 조언
감사목록 작성하기

이것은 자기 불신과 우울감, 모든 것이 파국으로 치닫고 있다고 느끼는 등 긴급한 상황에서 사용할 수 있는 좋은 방법이다.(여기에서 파국은 나쁜 일이 엎친 데 덮친다는 의미이다.)
불안이 엄습한다고 느낄 때면 감사목록을 작성해 보자, 그러면 머지않아 다시 모든 것을 제자리로 돌려놓을 수 있을 것이다. 감사는 자존감에 생명을 불어넣어 주기 때문이다.

예 :
나, 린다는 멋진 손녀가 있어서 감사하다.
나, 린다는 정원의 아름다운 꽃을 볼 수 있어서 감사하다.
나, 린다는 용기 있고 긍정적인 모습의 부모님과 함께 할 수 있어서 감사하다.

나, ...는 ....에 감사하다.

나, ...는 ....에 감사하다.

나, ...는 ....에 감사하다.

우리를 행복하게 해주는 방법이 있는데도 난관에 부딪힐 때까지 시도하지 않고 있을 것인가?

연습하기

전방위로 에너지 확인하기

당신이 그동안 작성했던 내용을 다시 되돌아보도록 하겠다. 연습하기와 체크리스트, 질문에 대한 답을 보자. 답에서 일정한 패턴을 발견했다면 그 패턴에 집중하며 각 장의 마지막에 작성했던 실전 계획과 시야 넓히기 부분을 검토해 보자. 이제 아래에 기술된 에너지의 각 유형과 어떻게 연관될 수 있는지 확인해 보자.

1. 정신적 에너지

아이디어, 생각, 믿음이 바로 당신의 정신적 에너지이다. 알다시피, 모든 변화는 바로 하나의 아이디어로부터 시작된다! 어디서부터 살펴봐야 할까? 어떤 부정적인 확언들이 당신의 발목을 붙잡고 있나? 그런 진술은 다음과 같이 반박해 버리자. 예를 들어, 아무도 내가 하는 것에 관심이 없다고 생각한다면, '내 기여는 중요해.'라고 바꿔 생각해 보자. 또는 '나는 내가 내린 결정에 자신이 없어.'라고 생각한다면, '나는 내가 내린 판단을 믿어.'라고 바꿔 생각해 보자.

습관적으로 부정적인 생각을 하고 있음을 인식하는 것은 효과적인 변화를 위한 매우 중요한 시발점이다. 그러므로 부정적인 생각을 하고 있는 자신을 보며 좌절할 필요가 없다. 하지만 약간의 노력이 필요하다. 즉 하룻밤 사이에 이런 생각을 하지 않을 수는 없기 때문에 지속적으로 상태를 인지하고 긍정적으로 반박하는 연습을 한다면 습관적인 부정적 사고방식을 깨부술 수 있을 것이다.

2. 영적 에너지

긍정적인 말로 의지를 다진다 하더라도 긍정적인 비전이 수반되지 않는다면 긍정적인 말은 아무 효과도 거둘 수 없을 것이다. 그러므로 내면을 들여다보고 당신만의 방법으로 목표 실현을 시각화함으로써 영적 에너지를 조절해야 한다. 하던 것을 멈추고 긴장을 푼 뒤 천천히 심호흡 해보자. 마음의 눈으로 꿈을 이루고 있는 자신의 모습을 보고, 느끼고, 경험해 보자. 예를 들어, 더 성공하고 싶다면, 번창하는 자신을 그리며 사람들의 찬사와 환호를 듣고 느껴보자. 당신이 원하는 모습을 구체적이고 자세하게 그려보자. 당신의 성공은 정확히 어떤 모습인가? 성공의 모습을 총천연색으로 만들고 소리를 키워보자. 성공을 피부로 느끼며 그동안 이루어지지 않았던 빛바랜 그림을 새로운 영상으로 바꿔보자.

부정적인 문구 + 부정적인 시각화 → 빛바랜 부정적 현실
긍정적인 문구 + 긍정적인 시각화 → 새롭게 변화된 현실

3. 정서적 에너지

상상에 의해 불 지펴진 믿음과 기대는 강력한 힘을 지니고 있기 때문에 당신이 원하는 결과를 이끌어낼 수 있다. 변화를 원하는 당신의 욕구는 강렬해야 한다. 동기 부여가 어느 정도 되어 있는지 확인하자. 전심으로 목표를 달성하고 싶은가? 성공하고 싶은 뜨거운 열망이 있는가? 여전히 주저하고 있다면, 정서적 에너지에 조금 더 깊이 파고듦으로써 전진하지 못하는 자신에게 어떤 기분을 느끼는지 살펴볼 필요가 있다. 그동안 작성했던 내용을 다시 보고 감정적으로 어떤 기분이 드는지 느껴보자. 감정을 다시 떠올릴 수 있는가? 어떤 감정인지 표현할 수 있는가? 아니면 정서적 에너지를 표현하는데 어떤 어려움이 있는가?

감정을 명확하게 표현할 수 있도록 노력하자. 매일 매일 정기적으로 스스로에게 질문해 보자. '지금 내 기분은 어떻지?'

이것은 당신이 정서적 에너지를 받아들이는 데 도움을 주는 훌륭한 방법이 될 것이다. 혼란스러운 감정과 표현되지 않은 감정은 스스로에게 동기를 부여하는 데 필요한 목표의 명확성을 망칠 수 있다.

4. 육체적 에너지

손바닥도 마주쳐야 소리가 난다! 온 힘을 다한 헌신과 열정으로 새롭게 태어난 긍정적 확언과 구체적 시각화는 자연스럽게 당신이 새로운 결과를 창출해내도록 올바른 방향으로 인도해 줄 것이다.

행동 패턴은 자신과 그 주변 세계에 대해 스스로가 생각하고 느끼는 방식을 반영한다. 현재 당신의 행동은 스스로에게 어떤 영향을 미치고 있는가? 스스로를 희생자로 보고 있다면 자신의 의사 결정 과정을 신뢰하고 결론에 도달하기 위해 그 결정을 밀고 나가는 것은 어려울 것이다. 목표를 달성하는 데 있어 상황이나 사람이 항상 당신의 발목을 붙잡을 것이기 때문이다. 그러나 난관을 마주했을 때 자신을 존중하고 솔직하게 털어놓은 방식으로 반응한다면 적극적인 행동을 취하고 자신의 행동에 책임지는 일이 더 수월해질 것이다.

위험을 감수하기가 두려울 때와 거절하기 어려울 때, 원하는 것을 요구하기 힘들 때가 있는지 생각해 보자. 있다면 좀 더 확실하게 의사를 표현할 수 있는 기술을 향상시키도록 노력하자. 행동이 아닌 방법에 초점을 두는 것이다.

꿈에서 현실로 — 유용한 행동 수칙

목표한 바를 실현하기 위해 나아갈 때, 302~303페이지의 표를 이용해 실천 계획을 작성하면 생각을 체계화하는 데 도움을 받을 수 있다.

의도: 당신이 설정한 목표 중 하나를 적어보자.

나는 _____ 하기를 원한다.

방법 : 어떤 단계로 목표를 이룰 것인지 결정하고, 급한 것부터 순서대로 기입하자. 신중을 기해야 할 필요가 있다.

요구 : 목표를 달성하기 위해 필요한 모든 지원을 열거해 보자. 도움, 전문가 조언, 교육, 재정, 장소, 코칭, 가족 지원 등이 포함 될 수 있다. 시간이 흐르고 상황이 변함에 따라 초기에 작성했던 목록은 변경될 수 있다.

검토 : 현실적인 마감기한을 정하자. 즉 진행 상황과 진행 상태를 확인하기 위해 특정 날짜를 정하자.

변경사항 : 변경 사항란은 수정이 가능하다. 계획은 항상 바뀔 수 있다. 그렇기 때문에 생각한 대로 일이 진행되지 않을 경우 당황 하지 않고 독창적으로 대응하기 위해서는 계획이 언제든 변경될 수 있음을 인지하고 있어야 한다. 하지만 변경 사항란을 새롭게 작성하면 다른 란에도 영향을 미치기 때문에 작성한 실천 계획을 보며 지속적으로 변경할 준비를 해야 한다.

설명이 실제로 작성하는 것보다 훨씬 복잡하게 들릴 수 있다. 결국 이 모든 것은 당신의 계획을 세우기 위해 존재하기 때문에 옳고 그름이 없다는 사실만 기억하면 된다. 다수의 목표를 설정하고 있는 경우에는, 종이나 각종 전자기기 화면 등에 목표를 표시해 놓는 것도 유용하다. 또한 책에 나온 구조를 사용하여 단기, 중기 또는 장기간에 걸친 목표를 달성하는데 도움을 받을 수도 있다. 본 계획을 활용하면 효과를 볼 수 있을 것이다.

목표가 너무 허무맹랑하다고(예: '나는 록 스타가 되고 싶어.') 생각한다면 당신이 할 수 있는 가장 현실적인 것부터 시작해 보자.(노래 연습을 하며 기타를 배우는 것부터 시작할 수 있다.) 한 번에 한 단계씩 시작해야 한다. 이것이 바로 목표가 전개되는 방법이다. 다음 단계로 나아갈 준비가 될 때까지는 당신 앞에 놓인 상황에만 집중해야 한다. 목표가 너무 멀리 있다고 느낀다면, 지금 당장 필요한 조치를 취해 보자. 내부 및 외부 실천 계획을 충실히 따르며 목표를 이룰 수 있다는 믿음을 갖자. 지체할 시간이 없다. 믿음을 갖고 당신의 꿈을 따라가자!

통찰력
후회를 통해 깨달음 얻기

'실수'를 통해 가치를 발견하는 것은 진정 통찰력 있는 행동이다. 지금이라면 그렇게 하지 않았을 거라고 후회하며 과거를 회상하기보다는 이것을 기회 삼아 계속해서 전진하며 성장의 자양분으로 삼는 것이 중요하다.

- 후회되는 사건 하나를 선택하고 스스로에게 물어보자. 모든 것을 알고 있었더라면 나는 달리 행동했을까? 이 사건으로 배운 것은 무엇일까? 다음을 학습함으로써 앞으로 어떻게 행동해야 할지 배워보자.

- 후회는 대부분 이랬으면 좋았을 거라고 생각하기 때문에 발생하는 것이 아니라 당신이 '하지 않았기' 때문에 발생한다는 사실에 주목해야 한다. 우리는 종종 잡지 못했던 기회를 가장 아쉬워하는 경향이 있기 때문이다. 그러므로 앞으로 찾아올 기회를 다시 놓치지 않기 위해 이 쓰라린 깨달음을 기억하고, 눈앞의 기회를 놓치지 않도록 하자!

다음을 명심하자. *구체적인 시각화 테크닉을 사용하여 높은 집중력과 결단력으로 나아가고 있더라도, 여전히 목표를 달성할 수 없다고 느낄 수도 있다.*

꿈에서 현실로 – 유용한 행동 수칙

의도 – 목표	방법 – 목표 달성을 위해 필요한 단계 목록

요구 – 목표 달성을 위해 필요한 지원 목록	검토 – 진행 사항을 검토하기 위한 날짜	변경사항 – 목표 달성을 위한 변경사항

【 사례 연구 】

　내 고객이었던 다운(Dawn)은 당시 28세로 인적자원관리 분야의 이학 석사 학위를 받기 위해 다시 대학에서 공부를 시작하려던 중, 한 대학의 인사부에서 일하게 되었다.

　첫날부터 다운이 알아야 할 것은 너무 많았고 다운은 그녀에게 부여된 작업량을 어떻게 처리할지 몰라 자신감을 잃어가고 있었다.

　2주 후, 다운은 울면서 나에게 전화를 했고 어떻게 해야 할지 모르겠다며 '할 수 있었어야 했다.'고 말했다.

　꿈에 그리던 일이었고 이 기회를 잡기 위해 열심히 노력했었는데 지금은 '이 모든 것을 완전히 망쳐놓고 있다.'고 말하며, 시간이 지날수록 더 힘들어지고 있다고 했다.

　다운의 자신감은 많이 하락한 상태였고 부정적인 악순환의 저면으로 끝없이 떨어지고 있는 것이 틀림없어 보였다.

　다운은 자신이 이렇게까지 무너져 내렸다는 사실에 놀라며 말했다.

　"이 기회를 잡기 위해 최선을 다해 노력하고 열정을 다해 일했는데 왜 이런 일이 제게 일어난 걸까요? 좋은 인상을 주기 위해서라도 이런 상황을 잘 헤쳐 '나가야만' 하는데 말이에요, 그리고 동료들이 제 능력을 아주 낮게 평가하고 있는 것 같아요. 그래서 더 실수를 많이 하는 것 같아요."

　목표는 우리를 편하게 놔두지 않는다. 일단 우리가 목표를 성취했다 싶으면 더 큰 발전과 성장을 위해 훨씬 어려운 도전을 가져다준다.

우리 주위의 모든 것들은 변하고 있다. 그렇기 때문에 우리 또한 새로운 상황에 적응해야 할 필요가 있다.

다운은 성공에 취해 있을 시간이 없었다. 직장에서 요구하는 바를 충족시키기 위해 하루빨리 활기를 찾아야 했다.

나는 다운에게 우리는 항상 변화를 받아들이고 앞으로 나아가야 하는 존재이자 계속해서 발전하고 있는 존재임을 상기시켜 주었다. 다운에게는 대담함과 스스로 설 수 있는 자립심이 필요해 보였다.

다운은 결국 힘든 시간을 이겨냈고 겨우 2주 만에 직장으로 돌아갈 수 있었다!

나는 스스로를 편하게 해주고 실수해서는 안 된다는 생각은 그만해야 한다고 일러주었다.

대화할 때 다운은 '해야만 한다.'라는 단어를 자주 사용했고 나는 이 단어를 사용하지 못하도록 했다.

이런저런 것을 '해야만 했다.'라고 말하는 것은 우리 안에 있는 비판적이고 자기 비하적인 신념이 투영되어 나타난 것이라고 할 수 있다. '해야만 한다.'라는 단어는 항상 우리가 어떤 방식으로든 잘못하거나 또는 곧 잘못할 거라는 것을 암시하기 때문이다.

몇 가지 세션 동안 우리는 비판적인 단어(예: '해야만 한다.')를 사용하지 않으면서도 직장에서 성취해야 할 것과 이를 실현할 수 있는 가장 좋은 방법을 현실적으로 구체화하여 긍정적으로 사고를 유지하는 연습을 했다.

첫 번째 세션이 끝난 후 다운은 더 자신감을 갖게 되었고 다음 달이 되자 직장에서 좀 더 안정을 찾을 수 있게 되었다.

우리는 잘하고 있는데도 스스로를 채찍질할 때가 있다. 더 잘할수록 자신에게 거는 기대가 커지기 때문이다.

이런 경향은 결국 자부심을 낮추는 결과를 가져오기 때문에 조심해야 한다. 난관에 부딪힐수록 자신에게 친절해야 한다는 사실을 기억하자!

자존감 상태 측정하기

감정 상태

1. 말할 수 없을 만큼 우울하고 비참하다.

2. 불행하거나 슬프다.

3. 만족스럽지 않고 충족되지 않는다.

4. 괜찮을 때도 있지만, 아닐 때도 있다.

5, 아주 만족스럽다.

6. 기쁘고, 긍정적이며, 매우 만족스럽다.

7. 즐겁고, 짜릿하며, 매우 행복하다.

자존감 최저점

↕

자존감 최고점

1에서 7까지의 감정 상태는 가장 낮은 수준의 자존감부터 가장 높은 수준의 자존감까지의 범위를 나타낸다.

308페이지의 자존감 진도표를 작성하여 삶의 전 영역에서의 자존감 수준을 확인해 보자.

해당하는 각 열에 점을 찍고 수직으로 연결해 보자. 색이 있는 펜을 사용하여 컬러 키 리스트에 자존감 진도표를 사용했던 날짜를 기록하자.

진도표를 다시 작성할 때에는 다른 색으로 표시하자. 서로 다른 시기의 자존감 수준을 비교해 볼 수 있다.

컬러 키

날짜 .... , ... 색

날짜 .... , ... 색

날짜 .... , ... 색

날짜 .... , ... 색

날짜 .... , ... 색

날짜 .... , ... 색

자존감 진도표

	1	2	3	4	5	6	7
친밀한 관계							
우정과 사회생활							
가족관계							
창조적인 목표							
직업							
건강 상태							
운동과 신체활동							
재정 상태							
희생에 대한 저항도							
자유로운 감정표현							
의욕과 목표와 결과							
자기직감의 신뢰도							
시간관리							
자각 정도							
'나'를 인식하는 시간의 양							
'나'를 인식하는 시간의 질							
용서 능력							
감각적 쾌락의 즐거움							
재미있는 활동의 즐거움							
성공과 인식 수준							
휴식 및 내려놓을 수 있는 능력							

　차트를 한두 번 사용하고 나면 다양한 부분에서 최고점과 최저점이 나타나고 있다는 것을 알 수 있을 것이다. 이 진도표는 당신이 어떤 부분을 위해 노력해야 하는지 아는 데 도움이 될 것이다. 그런 다음 책으로 돌아가 특정 영역에서 자존감을 높이기 위해 사용해야 할 구체적인 테크닉을 찾아보자. 이런 방식으로 당신만의 개인적인 자존감 실천 계획을 발전시킬 수 있다.

　자존감을 높이는 연습은 다른 사람의 행복에도 도움이 될 수 있다. 이 사실을 기억하고 자신의 욕구를 충족시키는 데 주저하지 말자! 항상 쉽지만은 않을 것이다. 때로는 자신을 믿는 것이 정말 불가능하다고 느낄 때도 있을 것이다. 하지만 자존감을 쌓아 올리는 당신의 노력이 성과를 거두고 있다는 사실을 절대 의심하지 말고 당신에게 필요한 사랑과 응원이 항상 당신 곁에 있을 것이라는 사실을 믿어보자.

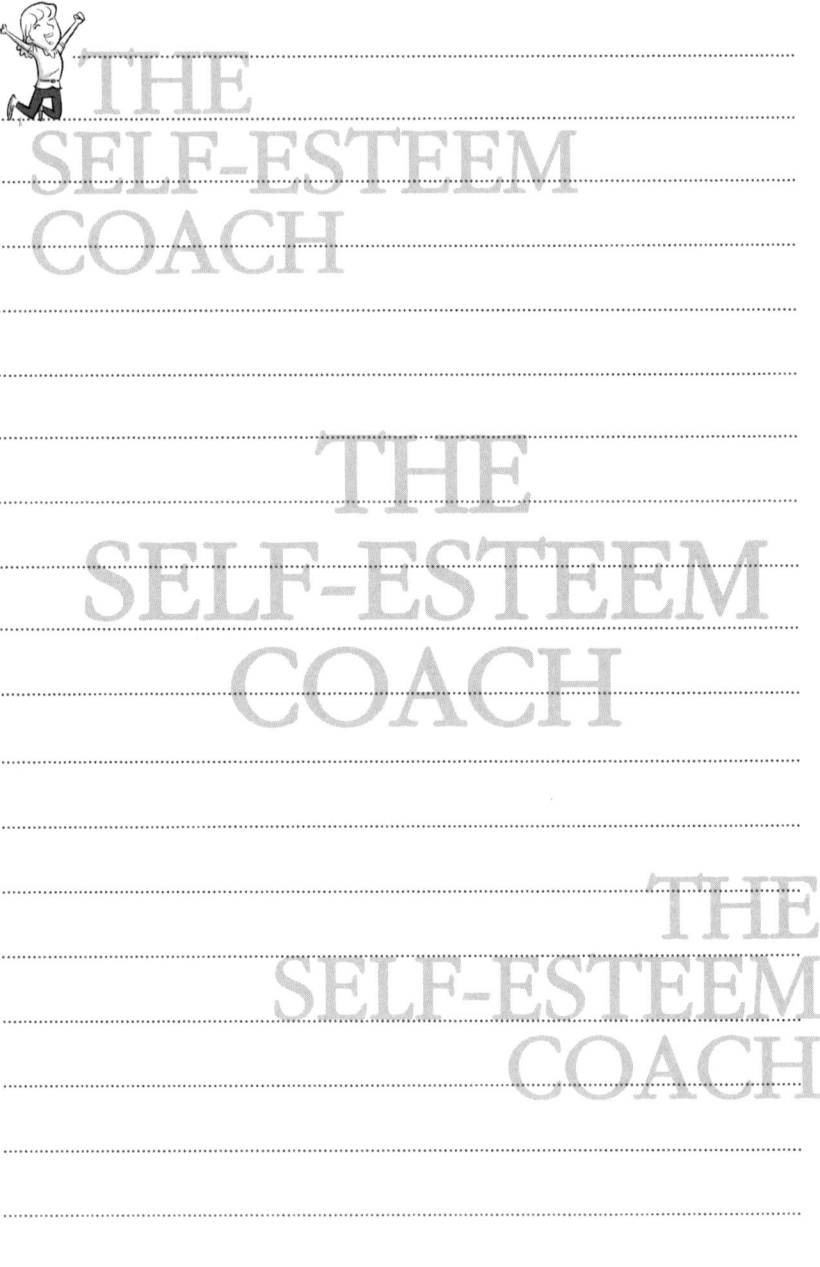

자존감 코칭

●

초판 1쇄 발행 ‖ 2018년 8월 1일

●

지은이 ‖ 린다 필드
옮긴이 ‖ 유세비
펴낸이 ‖ 김종호
펴낸곳 ‖ 밀라그로
주 소 ‖ 경기도 고양시 일산동구 호수로446번길 7-4(백석동)
전 화 ‖ 031) 907-9702
팩 스 ‖ 031) 907-9703
E-mail ‖ milagrobook@naver.com
등 록 ‖ 2016년 1월 20일(제2016-000019호)

●

ISBN ‖ 979-11-87732-13-6 (03180)